변종옥 소설집

비탈길

220쪽 / 17,000원

유리거울 같은 검은 바닷물을 딛고 발가벗은 홍 마담이 춤을 추고 있다. 어느새 수정이도 춤을 추고 있었다. 또 어찌 된 일인지 춤을 추던 여인들은 사라지고 희수가 홀로 남아 춤을 추고 있다. 희수는 번쩍 눈을 떴다. 사방이 고요했다. 불현듯 지난밤 진혼굿 하듯 몸을 흐느적거리며 춤을 추던 홍보라의 모습이 떠올랐다. 진저리를 치며 일어난 희수는 커튼을 걷었다. 한낮인데 곧 눈이 쏟아질 듯 회색 천지의 세상은 어둠침침했다. 마치 스크루지가 나오는 성극을 하려고 준비 중인 무대 같았다.

변종옥

나는
삼 년째 라인댄스를 배운다
이제 겨우 어리바리 시늉을 한다
한 달쯤 된 신입생
내 손을 잡고 흔들었다
'나는 집이 때문에 위로가 돼'
기분이 묘했다
내 서투름이 위로가 되었다니
이 또한 보시 아닌가

발간사	문학의 숲 | **류옥진**(드레문학회 회장)	06
초대글	토문재 편지 | **김종희**	08
문학기행기	자연과 함께하는 한국의 건축미 | **임소조**	12
	논개의 혼을 기리며 | **임소조**	16

회원 작품

강경숙	귀천歸天	23
	배롱나무 꽃	28
고유진	이런 소음, 어때	32
	명품	36
김금예	무위	41
김덕조	나무야, 나무야	45
김병국	외로움의 손을 잡다	50
	당신	51
김연희	여름, 지나가다	53
	폭우	55
김정읍	울우루ULURU	58
	나는 나비	62
라성자	편지	66
류옥진	빨래	70
	여름다운	72
박호선	꽃가위	76
	해녀의 부엌	80
변순자	발자국	85
	꿈속의 캄차카	88

변종옥	가자, 집에 가자	93
	202호실	97
	충동	99
송 숙	목숨	101
	서울 남자는 어디에 있을까요	104
송차식	보리똥 따다	107
	들국화의 꽃숲	111
신서영	오월을 걷다	114
	마지막 선물	119
안영순	까청이를 만나다	125
안현숙	오지를 걷다	129
이금자	구포장	134
이두래	소금꽃	138
이석동	자장암을 찾아서	143
	소나기	146
이승숙	가시 감자	148
이현미	오름, 오르다	153
임소조	맛, 그 이상의 사랑	158
전박자	덤	163
	장미 잔치	166
최아란	바늘 요정	170
	밀당	173
홍미영	질경이	177
	한바탕 소나기 쏟아지려나!	178
황선유	책 좀 읽어 보이네요	180

- 드레문학회 연혁　184
- 드레문학 서가　192

황선유 수필선

우리의 매력 중 하나는 나이

170쪽 / 10,000원

오늘 밤 뚝 분질러진 채 그대로인 우리의 시간을 이어붙인다. 불편하고 스산했던 그간의 궤적들을 살푼 지르밟는다. 가을 국화를 뜯어 흩뿌린 듯 은행잎이 떨어져 가만 앉은 듯 한벌 시간의 이음매를 노랗게 덮는다. 문득 메릴스트립 주연의 영화《사랑은 너무 복잡해》의 대사 하나가 떠올랐다. 당신의 매력 중 하나는 나이예요. 그래, 오늘 밤은 나이까지 좋다. 우리에게 또 하나 매력이 늘었다.

― 〈우리의 매력 중 하나는 나이〉에서

황선유

저물녘이면 동천 둘레길을 걸으며
오래거나 잠깐 얽힌 마음을 푼다.
수 필 집 『전잎을 다듬다』
　　　　『은은한 것들의 습작』
　　　　『예별』
　　　　『수비토의 언어』
수필선집 『우리의 매력 중 하나는 나이』 발간

드레문학동인지 에스프리드레 제11호

소금꽃

| 발간사 |

문학의 숲

류옥진
드레문학회 회장

  드레문학회의 열한 번째 동인지를 발간하게 되었습니다.
  제가 유병근 선생님을 만나 드레문학회에 입회한 지도 벌써 10년을 채워갑니다. 우리 문학회는 이제 단단한 뿌리를 내리고 풍성히 가지를 뻗은 나무에서 하나의 숲이 되었습니다. 문학을 통해 우리는 서로를 이해하고 지지하며 창작의 시간을 이어가고 있습니다.
  문학은 시간을 견디는 언어입니다. 드레문학회는 그 언어를 함께 나누며 오랫동안 걸어왔습니다. 각자의 내면을 비추는 거울이자 삶의 기록인 동인지의 발간은 드레문학회 성장의 역사입니다. 매년 한 권의 동인지를 통해서 우리는 서로의 문장을 읽고, 삶의 결을 느끼고, 사유의 깊이를 나눕니다. 그 과정은 단순한 창작 활동을 넘어, 우리들이 서로를 향한 사랑의 보살핌이자 성장의 에너지가 되고 있습니다.

올해도 어김없이 드레문학회의 동인지 《에스프리드레》를 세상에 내놓습니다. 오랫동안 함께한 우리의 시간과 문학에 대한 열정이 담겨 있습니다.

매년 각자의 시선과 감정이 직조된, 하나의 큰 숲을 보여주는 결과물입니다. 올해의 산에는 어떤 풍경이 담겨있을지 기대와 설렘으로 동인지를 열어봅니다.

11년이라는 시간, 결코 짧지 않은 세월 속에서 변해버린 세상만큼이나 우리도 많아진 나이를 안고 살아갑니다. 하지만 문학을 향한 마음만큼은 흔들림 없이 이어졌기에 지금 이 책을 손에 들 수 있는 것이겠지요.

문학을 사랑하는 모든 이들에게 우리의 글들이 작은 위로와 영감이 되기를 바랍니다.

◆ 초대글

토문재 편지

김 종 희

  시골의 시간이란 저마다의 생체 리듬으로 말한다. 땅끝 해남. 글을 토해내는 집 〈토문재〉에서 가을을 마중하는 중이다. 길 끝에 닿아야 새 길이 보이듯 끝은 곧 시작이라는 일상의 말이 땅끝에서는 곡진한 문장으로 펄럭인다.
  이곳에서 나는 하루에도 몇 번씩 지나온 길을 본다. 해남버스터미널에서 281번 버스 타고 오던 길에 보았던 이정표를 하나씩 하나씩 접는다. 바다가 감싸고 있는 마을을 보면서 하루를 시작하고 정리한다. 물빛이 달라지는 시간. 인간의 관념을 들이대지 않아도 저절로 그러한 때, 토문재에서는 사람의 말은 내려놓아도 좋다. 해가 오는 곳과, 해가 가는 곳을 따라 눈이 가고 발이 가면 그만이다. 애써 의미 부여를 하지 않아도 그냥 보고 그냥 들으면 된다. 눈을 감았다 뜨고 다시 감으면서 바람이 흐르는 길에 더불어 흐를 뿐이다.

버스도 드문 이 길엔 사람보다 풀벌레가 먼저 일어난다. 새벽 풀벌레 소리는 풀처럼 부드럽다. 바다가 풀어낸 안개에 온몸을 부비며 내는 풀벌레 소리는 그래서 몽환이다. 몽환이 건네는 직설에 흐트러진 육체를 바로 세운다. 풀벌레 소리가 잦아들 때면 새소리가 들리기 시작한다. 새소리가 오던 곳으로 귀를 열고, 눈을 열고 걸음을 연다. 한 몸처럼 들고 다녔던 전화기도 밀쳐두고 소리가 시작된 숲을 우두커니 본다. 하염없이 본다.
　새벽엔 비가 다녀갔나 보다. 댓돌 아래 둔 운동화가 비에 젖었다. 마루 끝에 앉아 끈을 풀었다. 관념이란 묶인 운동화 끈처럼 나를 결박시킨다. 끈을 풀어 젖은 신발을 말리듯이 내가 가둔 나를 풀어준다. 익숙한 것으로부터 떨어져나와 불편함이 주는 평온을 느리게 느리게 익힌다. 이곳에선 바람도 말을 한다. 아니 흔들리는 모든 것이 말을 한다. 바람의 말은 분석하려 들면 이내 부서지고 만다. 사람의 언어가 박제된 관념을 만든다면 바람의 언어는 언제나 야생으로 있다. 형태 없는 바람의 말은 형상이 되어 날마다 새로운 문장을 토해낸다.
　인근 너른 밭엔 참깨 꽃이 한창이다. 보랏빛이 밀어내는 하얀 깨 꽃은 한낮 땡볕 아래서도 고소하게 핀다. 너울너울 이파리 아래 자리 잡은 호박은 펑퍼짐한 엉덩이를 깔고 수더분하게 익고 있다. 옥수수는 붉은 수염으로 속내를 보이고, 녹두꼬투리는 까맣게 변색을 시작했다. 종일토록 그것들을 보고 있으면 사람의 말은 잊어버릴 수밖에 없다. 사람만이 문장을 가지는 게 아니다. 존재하는 것은 저마다의 길 위에 저마다의 문장을 가진다.

  아침 6시, 농부의 출근 시간이다. 칠순의 밭주인은 유모차를 밀며 비탈을 올라온다. 밭머리에 이르러 허리를 편다. 비에 넘어진 고춧대는 끈으로 묶어세우고, 제멋대로 뻗어 나간 호박 넝쿨을 거두면서 밭고랑을 살핀다. 제 빛깔로 익은 작물은 거두고, 고루고루 볕이 들도록 틈을 열어준다. 애써 채운 속이 속절없이 허물어지지 않도록 밖의 때를 알아, 안의 때를 살피는 농부는 작물의 문장을 읽어내는 사람이다. 섬세한 감각으로 미세한 자연의 떨림을 알아 작물을 헤아려주는 사람이다.

  공책만 한 스펀지를 밭고랑에 깔고 키 낮춘 할매, 녹두를 딴다. 안개가 밀어내는 먼 뱃고동과 덤불에서 떨어져나오는 녹두 소리에 고요가 일렁인다. 안개 짙을수록 한낮은 더욱 뜨겁다. 손이라도 보탤 양으로 슬몃 녹두 덤불을 잡고 앉았다. 여느 콩보다 작은 녹두 알이 녹황색으로 익었다. 여남은 놈이 한통속이라며 농 아닌 농을 주고받으며 한참을 웃었다. '요놈이 요래 익을 때까지 얼마나 갑갑할까요잉. 다글다글 여물어가는 일도 쉽지 않으요잉.' 콩 따듯 톡 떨어지는 할매의 말이 주련처럼 걸렸다. 그럴 때마다 나는 손을 멈추었다. '하나가 비틀고 나가버리면 다른 놈도 못 익어.' 할매는 녹두의 문장을 한꺼풀 한꺼풀 풀어주었다.

  살아가는 일이 녹록치 않을 때 누군가의 위로는 불안을 견딜 수 있는 힘이 된다. '요놈이 요래 익을 때까지 얼마나 갑갑할까요잉.' 나만 힘들면 세상이 밉지만 나만큼 힘든 사람이 많다 생각하면 그

것이 또 위로가 된다. 이 세상에 나를 알아 헤아려주는 단 한 사람만 있어도 다시 일어나 걸을 수 있는 용기가 생기니까. 아는 게 없다는 땅끝마을 할매는 오늘도 아침 6시 출근했다.

김종희 | 1999년 농민신문 신춘문예. 수필집 『나는 날마다 신화를 꿈꾼다』, 『돌탑에 이끼가 살아있다』, 『사랑도 기적처럼 올까』, 『슈만의 문장으로 오는 달밤』. 인문채록집 『기억, 장소 그리고 매축지 1, 2』, 『구술생애사로 경험하는 인문학』 공저, 『부산의 환승역』, 『부산의 자연마을』. 국제신문 인문학 칼럼 집필. 계간 《사이펀》 편집위원

2024년 가을 함안 문학기행기

자연과 함께하는 한국의 건축미

임 소 조

옛 건축의 마당은 비어있었다. 너른 공간엔 아무것도 심겨 있지 않았다. 그야말로 텅 비었다. 비움이란 개방감을 동반하는데, '텅 빈 마당'이라는 물리적 개방을 넘어 어떤 심미적 요인으로 다가왔다.

뜨락에 올라 대청에 앉으니 원경이 눈에 들어왔다. 문안으로 먼 곳의 풍경이 들어올 수 있도록 담을 낮추고 마루를 올렸나 보다. 텅 빈 앞마당 대신 안채, 사랑채, 행랑채, 부엌을 지나 뒷마당으로 가면 식물을 가꾸는 실용적인 공간이 나타난다. 후원이다. 앞마당에는 오고 가는 계절과 밤낮이 이행되는 순간순간들이 담겨있고, 자칫 눈길에서 벗어나기 쉬운 뒤켠에는 아기자기한 이야기들이 올망졸망 익어가고 있었다.

무심코 지나친 옛사람의 공간 인식이 보이기 시작한 건 가을 문학기행에서의 일이다. 일하면서 늘 포기한 기행이었지만 이번은 '기필코'라는 마음으로 선택한 길이었다. 여행이 무르익을 즈음, 아름다운 석양과 풍경을 여러 감각으로 느꼈다. 11월인데도 경남

함안에는 가을 정취가 한창이었다. 숲길의 아름다움과 가을 내음, 구름을 담은 강물과 일몰에 보이는 노을은 붉다 못해 눈부셨다. 자연은 이렇게 한없이 인정을 베푸는 존재인가 보다. 자연의 풍광 속에 어울리는 옛 건축 양식은 우리에게 어울림과 조화의 지혜를 알려준다.

동행한 김종희 원장의 해설에서 한국의 건축미를 엿볼 수 있다.

현대 건축은 효율성 위주로 집을 짓는 데 반해 옛 건축은 자연과의 관계성을 먼저 생각합니다. 자연 조건과 내가 짓고자 하는 이곳의 관계를 첫째로 여기지요. 즉 관계성에 집중하면서 멀리 있는 자연을 내 것으로 소유하는 게 아니라 빌려옵니다. 차경이지요. 한중일 정원 문화의 차이점이 여기서 나타납니다. 중국은 전부 내 것으로 만들어야 되고, 일본은 축소 지향적이라 내 울타리 안에 넣어두되 관조의 대상으로 자연을 봅니다. 그런데 우리는 빌려옵니다. 그냥 멀리서 문만 열면 빌려올 수 있습니다. 문을 닫으면 공간이 되지만, 열어두면 전체가 나에게 들어오는 이런 구조가 한국이 가지고 있는 독특한 건축 구조예요.(중략)

그래서 건축은 단지 공간으로 존재하는 것이 아니고 한 시대의 정신과 그 시절을 살았던 사람의 취향과 관계에 대한 인식을 담고 있습니다. 그것을 전함으로써 깊은 울림을 주는 것이지요.

전통 건축 구조를 보면서 문득 연암의 글이 생각났다. "나는 시골의 삼류 선비지만, 중국의 제일가는 경치는 저 기와 조각과 똥 덩어리라고 말하고 싶구나." 백성들은 집에 담을 쌓을 때 깨진 기와 조각을 알뜰하게 사용해 여러 예쁜 무늬를 만들었고, 세상에 둘도 없이 더러운 똥오줌은 모아서 유용한 거름으로 만들었다. 똥과 기와 조각은 사람의 손길에 따라 쓰임새가 달라지니 스스로의 가치는 스스로가 매기는 것이다.

그럼 내 가치는 어떠한가? 박지원의 글을 읽고, 자연과 조화를 이루며 제 할 일을 하는 옛 건축을 보니 나는 내 쓰임새를 잘 찾아 살아가고 있는지 생각하게 된다. 어릴 적, 나는 부끄러움이 많은 소녀였다. 전교 등수를 휩쓸고 다니던 오빠와 언니 덕에 나는 아무리 잘해도 늘 보통인 아이였다. 게다가 대중 앞에 잘 나서지 못하는 것도 한몫했을 것이다.

초등학교 때 한국야구르트 회사에서 주최하는 전국 글짓기 대회가 있었다. 야외에서 하는 대회였는데 따라간 엄마가 언니의 글을 손봐주셨다. 나는 오로지 나 혼자 힘으로 써낸 작품으로 장려상을 받았고, 텔레비전 뉴스에도 떡하니 나왔다. 그 상은 학교로 전달되어 전교생이 다 보는 교단에 올라가 다시 스포트라이트를 받았다. 상장 수여식에서도 천 개 이상의 눈이 나를 보고 있다는 시선에 고개도 들지 못하고 발가락을 옴찔거렸지만, 엄마는 꽤 놀라셨고 아주 기뻐하셨다. 그때부터 나는 언니나 오빠보다 잘한다고 자부할 수 있는 것이 글쓰기가 되었고, 내 꿈도 자연스레 '작가'가 되었다. 가난한 글쟁이가 될지도 모를 국문학을 전공하겠다는 나를 엄마가 말리지 않았던 것도 내 글솜씨만은 괜찮다고 믿으셨는지 모르겠다. 하지만 그때가 내가 받은 가장 큰 상이자 마지막이었다.

미약한 글재주에 수없이 의구심을 품으며 나는 돈이 되는 일을 했다. 많은 돈을 벌어도 한편에는 글에 대한 굶주림이 남았던 것일까? 아니면 어린 시절 받은 상에 대한 미련이었을까? 아픈 몸을 부여잡고 지금도 나는 글을 쓴다. 문학은 그 어떤 것으로도 대신할 수 없는 허기진 배를 채우고, 눈빛을 반짝이게 하고, 밤을 지새우면서도 가슴을 부풀게 한다. 그래서 나는 글쓰기의 끈을 놓지 못한다.

스스로의 가치를 찾기 위해 함안의 여행길에 올랐던 터였다. 문우들은 내가 할 수 있는 별거 아닌 일에도 칭찬하고 격려하고 고마워했다. 늘 머무르는 곳이 아닌 공간으로 왔지만, 자연 속에 따스한 정이 있고 문학이 있고, 그리고 내가 있었다.

아무렴, 나는 문학을 아주 많이 사랑하는가 보다.

| 2025년 봄 진주 문학기행기 |

논개의 혼을 기리며

임 소 조

진주는 백제 땅이었습니다. 진주에서 조금 올라가면 지리산입니다. 지리산은 진주에서 시작해 한쪽은 남원, 다른 쪽은 하동으로 갈라집니다. 전라도와 경상도가 만난다는 그 유명한 화개장터가 이곳이지요. 즉, 진주는 옛 신라인 경상도와 인접하고 있는 백제의 국경 지역으로서 지리적 요충지였던 것입니다.

임진왜란 3대 대첩으로, 이순신 장군의 한산도 대첩, 권율 장군의 행주 대첩과 함께 김시민 장군의 진주 대첩을 꼽습니다. 왜군이 조선을 침략하는 데 있어서 이곳 진주 땅을 함락하지 못하면 한성으로 올라갈 수가 없었습니다. 그때 진주 목사였던 김시민 장군이 진주성을 쌓아 크게 물리쳤습니다.

당시 진주성에는 군사와 백성을 합한 3,800여 명이 왜군 2만 명에게 포위당하고 있었습니다. 이때 김시민 장군은 아녀자와 아이들에게까지 군복을 입혀 성내에서 말을 달리게 했다고 합니다. 일본군이 그것을 보고 군사가 많다고 여기게끔 만든 것입니다. 전투가 시작되었을 때 모두가 힘을 합쳐 성을 기어오르는 왜군에게 돌을 던지고 끓는 물까지 퍼부으며 싸웠다고 합니다. 그러므로 진주성은 어느 위대한 한 사람이 아니라 백성 모두가 지켜낸 성이라서 더 의미가 있다고 생각합니다.

여기서 조금 더 쭉 가면 촉석루가 있습니다. 논개가 왜장을 껴안고 물에 빠진 곳입니다. 자신을 희생해 나라를 살린 곳이지요.

류옥진 교수님의 해설을 들으며 진주에서의 여정이 시작되었다. 진주는 누군가에게 프러포즈를 받은 장소였고, 어떤 이에겐 향수 어린 어린 시절을 보낸 장소이자, 인상 깊은 맛집으로 기억되는 명소이기도 했다. 각자의 추억이 깃든 진주는, 역사적으로 조상들이 굳건하게 지켜낸 희생의 공간이었고, 충절을 지켜낸 곳이었다. 왜장을 껴안고 남강으로 뛰어든 논개를 생각하며 깊은 생각에 잠겼다.

학생들과 역사를 공부하며 위인을 접하게 된다. 역사 속에 훌륭한 인물은 많지만 요절한 여인들을 보면 더욱 대단하다고 여겼는데, 논개를 생각하니 가슴이 아팠다. 그녀를 모시는 의기사에 들어가면 현재 시대상에 맞게 얼굴을 그려놓은 논개의 영정이 있다. 아리따운 모습의 그녀는 어린 나이에 어떻게 죽음까지 마음먹은 것일까? 강물이 넘실거리는 까마득한 절벽 아래로 뛰어들고자 했을 때, 적장을 놓치지 않기 위해 열 손가락 모두에 가락지를 끼었단다. 사랑하는 사람과 영원을 맹세한 죽음도 아닌데, 적장을 감싸 안아 새파랗게 변한 손깍지가 얼마나 아렸을까?

겨우 열아홉의 꽃다운 나이에 거대한 사내를 껴안고 강물로 뛰어들 때, 왜장의 몸부림과 눈빛에 이미 압도당하면서도 숨죽여 무서움을 참았는지 모른다. 갑작스러운 상황에 당황한 왜군들도 연이어 강물에 빠졌다 하니, 심해로 떨어지는 죽음 앞에서도 분노한 왜군의 무리를 마주하는 심정은 이루 말할 수 없을 것이다. 왜군들의 눈빛과 손놀림에 죽음의 찰나에서도 그녀는 두려움에 떨며 외로이 생을 마쳤을 것이다. 얼마나 가득한 마음이어야 공포 이상의 죽음을 견디낼 수 있을까? 국가적으로는 숭고한 행위지만 논개의 어미가 보았다면 촉석루 앞에서 밤새 구슬프게 눈물 흘렸을지도 모르겠다. 차고도 넘치는 어미의 눈물로 인해 남강의 물은 아마도 영원히 마르지 않을 것이다.

최근 계속해서 햇볕이 내리쬐었는데, 기행 당일엔 온종일 비가 내렸다. 여름으로 넘어가기 전의 비라 그런지 오히려 시원했고 초록으로 가득한 풍경들이 아름다웠다. 평화로운 삶을 향한 백성들의 간절한 마음이 담긴 고즈넉한 정취였다.

반 평도 안 되는 우산 속에 비를 피하는 내 모습을 보니 과연 내가 그 시대 문인이었다 해도 총과 활이 아닌 문심으로나마 우국충절을 지킨 여인이 될 수 있었을까 하는 생각이 들었다. 우산 위로 뚝뚝 떨어지는 빗방울이 어쩐지 사사로운 일에도 힘들어하는 나를 채찍질하는 것 같기도 하고, 논개가 흘리는 눈물 같기도 해서 마음이 숙연해졌다.

선정적인 부분을 강조해 기생을 접대하는 여자로만 잘못 알려져 있다. 조선은 유교의 나라로 성 접대가 있을 수 없고, 기생은 오늘

날의 뮤지션이라 여기면 된다. 기생 중에서도 품계가 있어 최고 능력자인 일품이 되고자 노래와 춤 등의 전통 예술을 전수 받기 위해서 글공부도 하고 시험도 봤다고 한다. 지금 생각해도 고급스러운 여성 인력이었다. 당시 여성은 돈을 벌 수도, 교육을 받을 수도 없던 시절에, 논개는 '진주 교방청' 소속의 일품 예인이었을지 모른다. 아마도 교육을 통해 애국심을 길렀고, 과감한 희생도 마다하지 않았던 게 아닌지.

  내가 조선시대에 태어났다 해도 논개의 마음을 따라가지 못했을 터지만, 이번 기행을 통해 논개의 혼을 기리며 나 자신만의 애국을 실천하기로 했다. 아이들을 교육해서 인재를 양성하는 것, 또 노력하는 문인이 되는 것. 이것이 나의 길이라는 것을 가슴에 새기고 진주에서의 여정을 마무리했다.

2025
에스프리드레 11호

2025 에스프리드레 11호

회원 작품

강경숙 고유진 김금예 김덕조 김병국 김연희 김정읍
라성자 류옥진 박호선 변순자 변종옥 송　숙 송차식
신서영 안영순 안현숙 이금자 이두래 이석동 이승숙
이현미 임소조 전박자 최아란 홍미영 황선유

◇ 귀천歸天
◇ 배롱나무 꽃

강경숙

2014년 《수필과 비평》 등단
kks1109@naver.com

귀천歸天

어머니의 자궁에서 자라고 태어난 우리는 죽는 것을 두고 '돌아간다'고 말한다. 어디로 가는가. 하늘나라로 간다고 하니 어머니의 배 속이 곧 하늘나라인가 보다.

원래 있던 곳으로 돌아가는 것인데도 사람들은 죽기를 한사코 거부하며 죽지 않으려 온갖 노력을 다한다. 젊어서는 살기 위해 애면글면 재산을 모으며 자식들을 가르치고 노후를 준비하는 것이 일상사다. 늙으면 가야지, 하늘이 부르면 가야지 하면서도 하루라도 더 살고 싶어 한다. 나 또한 그렇다. 삶이 힘들어 허기진 삶을 부둥켜안고도 단 하루라도 더 살고 싶은 게 인간의 욕망이다. 의학이 발달하고 문화가 발달하고 복지가 향상되는 이 땅에서 더 머물고 싶다.

누군가는 교양 있게 말한다. 나는 절대 자식이나 간병인에게 의지하지 않을 것이라고. 그런 모습은 추하다고 거리낌 없이 말한다. 그는 너무나 당당하다. 더 나이 먹고 병들고도 그렇게 말할 수 있을까. 당신은 생과 사를 마음대로 다루고 휘두를 수 있느냐고 묻고 싶다. 구차하게 살고 싶지 않은 마음이야 모두에게 없겠는가. 말하는 짐승이라도 다 그런 말을 할 것이다. 물색없는 소리로 물색없이 설치지 말라고 일침을 놓고 싶다.

모두가 편히 살다 편히 떠나기를 기도한다. 어른들 말씀에 죽음의 복이라는 말이 이해가 된다. 내 엄마는 죽음의 복 없이 육십도 못 넘기고 돌아가셨다. 우리들의 간절함은 허무하게 무너졌다. 애처롭게 사정하며 간절히 빌고 또 빌어도 결국 돌아가셨다. 하늘의 뜻인지 엄마의 뜻인지 알 수 없다. 뇌출혈로 몸의 절반이 마비되어 쓸 수 없게 된 상태를 받아들일 수 없던 엄마는 몹시 힘들어하셨다. 당신을 간호하다 일 년 먼저 떠난 아버지를 못 잊어서 그렇게 갈망하던 그곳으로 가신 거라 우리는 생각하기로 했다.

우리는 엄마라는 말만 들어도 너무 아파 차라리 말을 아끼기도 한다. 부모를 일찍 잃은 까닭인지 오래 사시는 친구의 어머니를 보며 내 엄마처럼 생각한다. 물론 친한 이유도 있지만 부럽기도 하고, 그 선한 어머니는 내 엄마를 닮아서 더 마음이 간다.

친구와 나는 각자 마산과 부산에 떨어져 살지만, 하루 한 번씩 마음의 이야기를 허심탄회하게 나누는 편이라 친구의 일과를 잘 알고 있다. 오늘도 친구 정희에게 전화하려다 이 시간이면 친정 엄마한테 가는 시간이다 싶어 통화를 미루기로 한다. 정희는 엄마 식사를 챙기고 씻기고 틀니까지 양치질하여 다시 끼워준다고 했지. 이 더위에 차도 없이 버스 타고 가서 엄마를 돌보고 챙긴다. 정희의 어머니는 94세다. 작년만 해도 꼿꼿하게 식사를 챙기고 집 안 구석구석 먼지 한 톨 없이 쓸고 닦던 어머니가 이젠 일어날 수 없고 걸을 수도 없어서 남의 도움을 받아야 한다. 노인들은 밤새 안녕이라는 말이 있듯이 아침에 간병인이 와서 식사를 챙겨주고 가면 오후에 정희가 가서 어머니를 보살핀다.

   정희 어머니는 음식을 아주 깔끔하고 맛있게 잘하셨다. 그냥 잘하는 게 아니라 수준급이다. 학생 시절에 정희 집 가서 밥 한 끼 먹는 게 유명한 식당 요리사의 음식보다 더 맛있었다. 정희 어머니는 작년까지도 요리를 하고, 늘 의복이 깨끗하고 단정했다. 조용조용하면서도 위트와 재치 있는 말솜씨가 놀라웠다. 친구들은 말이 궁색하거나 적당한 비유를 못 찾을 때, 정희 엄마가 그때 뭐라고 하셨지 하면서 그 표현을 인용할 정도였다. 그분과의 대화에서 세대 차이를 느껴 본 적이 없다. 정희 어머니의 구수한 말에서 우리말의 묘미를 느끼며 어떻게 저런 유머러스한 표현이 있었던가 하며 놀라기도 했다.

   그 말씀에 모두가 파안대소 하면 어머니는 능청스러운 표정으로 그게 뭐가 우습냐고 하셨다. 누구보다 정신과 마음이 건강하시고 모든 것을 긍정적으로 대하던 분. 자신의 인상人相은 스스로가 만든다. 많이 웃고 좋은 생각하고 가난하고 불쌍한 사람 만나면 따뜻하게 대하라던, 인자한 얼굴의 어머니는 이제 남의 도움을 필요로 하신다. 화장실 가기 힘들어 하셔서 딸이 요강을 사다 드렸더니 보기 싫다고 치우라 하셨단다. 그래서 의료기상에서 변기 의자를 사다 드렸는데도 화를 내셨다. 연세가 들어도 자존심이 허락하지 않는 모양이다.

친구는 그 어머니 딸답게 정 많고 거짓 없는 진정한 사람이다. 엄마가 딸을 꽃처럼, 별처럼 키운 것도 맞지만 어머니께 그토록 정성을 다하는 것도 대단한 일이다. 세상에 부모 없는 사람은 없고, 그 어머니처럼 우리 부모님도 우리를 정성 다해 키우신 것을 믿지 않는 어리석은 사람은 없을 것이다. 부모의 마음은 이러해도 자식들의 효심은 부모만큼 정성스럽지 못하다고 생각한다. 나도 우리 엄마에게 저 친구만큼 했었나 생각하니 새삼 죄송하고 그립다. 부모에게 잘하려고 하지 않는 사람은 없다. 다만 나처럼 다음에, 나중에, 내일과 훗날로 미루다가 후회할 따름이다.

다른 이의 선행을 보며 나도 과연 저렇게 할 수 있을까를 기준으로 삼아 나도 그럴 수 있다, 아니 그렇게는 못한다로 내 양심껏 답을 구한다. 나도 할 수 있다면 모든 사람의 마음도 그러리라 생각해보고, 그럴 수 없다 싶으면 내 마음을 꾸짖으며 그 사람을 존경하며 닮아보려 애쓴다. 그 친구는 나에게 양심의 가책과 나의 부족함을 많이 느끼게 하는 불편한 친구이기도 한 셈이다.

친구는 그해 새 과일이 나오면 가격에 관계없이 바로 엄마에게 사다 드린다. 어머니가 좋아하는 음식이나 고기도 마찬가지다. 어머니는 제철 재료로 정갈하게 요리해 이웃과 나누시던 분이셨다. 지금은 혼자 설 수도 없어 요양보호사의 손길과 딸의 정성으로 살고 계신다. 그러나 마음만은 여전히 강직하여 '내가 나라를 위해 뭘 했다고 3시간이나 나를 돌봐주는 요양보호사를 보내주느냐.'며 면목 없어 하신다.

어머니를 돌보는 정성스런 마음을 모르시는지, 어머니는 귀천을 노래한다고 한다. 하늘 길이 얼마나 멀기에 아직도 안 데려가고 이렇게 오래 사느냐고, 사람 목숨이 이리도 질기냐고 물으신다. 듣기 싫어도 참던 딸이 결국 한마디 했다. 그렇게 떠나고 싶으시냐고, 듣는 내 입장은 어떻겠냐고. 어머니는 그 후로 다시는 그런 말씀을 안 하신다고 한다. 마음속으로 허밍 하시는 듯하는 읊조림까지야 어쩔 수 없지만.

친구는 여름에 기진맥진하는 체질이다. 어떤 때는 외출이 힘들 정도로 덥고 무기력하지만, 꼭 해야 한다는 마음으로 나서서 어머니를 돌본다. 빨래하고 행주까지 베란다에 널고, 요양보호사가 오면 불편하지 않도록 반찬을 만들고 내일 밥할 쌀까지 씻어 놓고 오면 마음이 상쾌하고 뿌듯하다고 한다. 아마 우리 엄마도 나를 낳아 씻기고 먹이고 가르치면서 이런 마음이 아니었을까 생각하면 돌아오는 발걸음이 가쁜하단다.

귀천. 언젠가 돌아가야 하지만 그 때를 마음대로 정할 수는 없다. 하루하루 성심을 다할 뿐이다. 엄마의 품이 우리를 품어주었던 것처럼.

배롱나무 꽃

 친구는 내가 할 일 없이 바쁘다고 한다. 안 해도 될 일을 사서 한다며 나무란다. 틀린 말은 아닌 듯한데, 그렇다고 내 성향이나 취미가 쉽게 바뀌는 것도 아니다. 그런 친구에게 오늘 좀 피곤하다는 말을 하려다 끼이익, 멈춘다. 핀잔이 두렵기도 하고, 그 마음이 고맙기도 하다.
 일 없이 바쁜 나는 운동할 시간이 없어 새벽 5시에 산책을 나선다. 켜진 가로등 아래 '당신이 가장 소중한 사람입니다.'는 문구가 캄캄한 마음을 환하게 밝혀준다. 밝음과 한참 동떨어진 곳에 놓인 몸과 마음을 위로하는 말이다. 숨 한 번 크게 들이쉬니 씩씩하고 굳센 기운이 일어난다. 한 줄 글귀가 천만 병사가 되어 낙담을 무찌른다. 번뇌는 나를 병들게 하는 한 톨의 먼지가 되어 훌훌 털어내니 그만이다.
 사무엘 베케트의 희곡에서 고도를 기다리는 에스트라공이나 블라디미르처럼 어렴풋한 마음으로 내일을 기다려서는 안 될 것이다. 우선 오늘 땀 흘리며 최선을 다한 뒤에 고도를 기다려도 늦지 않다. 그때는 조금 불평불만을 늘어놔도 괜찮으리라. 모든 일에는 순

서가 있는 법. 나 역시 그러한 차례를 몰라 우왕좌왕하기 일쑤다. 그러나 지금 이 순간 해야 할 일만큼은 명확하게 안다. 나는 길을 따라 곧장 운동기구 있는 공원으로 간다. 건너편에 배롱나무 꽃이 바람에 흔들리며 은색으로 반짝인다. 나는 고개 떨군 누군가가 있다면 배롱나무를 바라보라고 말해주고 싶다.

배롱나무는 여름 나무다. 가장 뜨거운 계절에도 세상에 꽃을 내보인다. 꽃은 한여름 햇살에 덴 듯 본연의 붉은 기운이 바래버린 은색이다. 그 꽃이 피어날 때는 수줍은 소녀의 입술처럼 곱디고왔다. 더위에 지쳐 붉은색도, 보라색도 아니게 풀 죽어가는 꽃. 하지만 떨어지지 않고 오래 견딘다. 내년이면 지난 세월을 잊고 또 다시 진한 미소 머금은 연분홍으로 피어나는 배롱나무 꽃을 우리 삶의 길잡이로 삼으라고 말이다.

초등학교 2, 3학년쯤 일이다. 여름방학이면 우리 가족은 시골 친가나 외가에 갔다. 아버지가 선생님이라 그때가 아니면 쉽게 갈 수가 없어 방학마다의 연례 행사였다. 가는 길 언덕배기 무덤가에 많이 피어 있는 꽃 이름을 몰라 혼자 '무덤 꽃'이라고 이름을 지었다. 그 근처를 지날 때면 무서워서 동생들도 제치고 아버지 옆에 바짝 붙어갔다.

"아버지, 저는 저 꽃이 싫어요. 무덤 꽃은 어쩜 저렇게 지지도 않는지 모르겠어요."

그건 배롱나무 꽃인데, 백일홍이라고도 한다고 아버지가 말씀하셨다. 척박한 곳에서 저토록 오랫동안 피어있는 꽃은 드물다고. 아버지는 할아버지의 산소에도 배롱나무를 많이 심고 싶었지만, 형님이 무덤가에 그늘이 지면 좋지 않다고 하여 두 그루만 심으셨다고 한다. 할아버지 묘 앞에 늘 꽃을 올리고 싶지만 그럴 수 없으니 대신 배롱나무가 백 일 내내 꽃을 피워주길 바라신 것이다.

배롱나무 꽃이 지면 가을이 온다고 한다. 무더위로 고단한 여름 한가운데 나는 그날을 기다린다. 그때면 과연 가을이 오기는 할까. 자연의 질서마저 더위를 먹었는지 부조리극처럼 엉켜 버리고 말았다. 끝내 오지 않던 고도처럼, 그럼에도 같은 이야기를 반복하며 한없이 그를 기다리던 두 부랑자처럼, 여름이 계속 제자리걸음만 하면서 끝내 가을이 나타나지 않을까 두려운 마음이 든다.

사실 가을을 가장 기다리는 건 배롱나무 꽃이 아닐까. 태양에 맞서 기개 있게 반짝이고 있으나 그 누구보다 간절히 한숨 돌리고 싶을지 모르겠다. 그리고 그날이 오기까지 지치거나 포기하지 않고 오늘 하루도 최선을 다해 흔들리며 서있다.

괜히 바쁜 나의 하루도 그렇게 따라 흔들린다.

◇ 이런 소음, 어때
◇ 명품

고유진

2013년 《수필과비평》 수필 등단
2016년 월간 《문학세계》 시 등단
제16회 문학세계문학상 수필 부문 대상 수상
수필집 『신은 할 일 없는 자에게 일을 맡긴다』
kyj710117@hanmail.net

이런 소음, 어때

　아침 댓바람부터 천지가 진동한다. 아메리카노 한 잔 데려다 놓고 우아하게 창가 테이블에 앉아 여유를 즐기려던 호사가 글러 버렸다.
　엘리베이터에서 본 안내문! 그래, 본 것 같아. 어느 집에서 공사를 한다는 내용이었던가. 최소한 위아래 두 층 이내에서 벌어지고 있음이 분명한 이 무지막지한 데시벨에 정신이 다 혼미해졌다. 어쩌면 소음에 대한 순기능이 있을지도 모른다는 생각이 들었다. 어마어마한 드릴 소리에 웬만한 소리는 다 묻힌다. 그러니 기어코 긍정적인 요소를 찾아내어 극악한 형편을 이겨내 볼 심산이다.
　빛바랜 클래식 악보를 펼쳐 저음부터 고음까지 피아노로 훑어볼까. 저 무지무지한 소음은 피아노 소리조차 너끈히 삼킬 것이다. 베토벤의 〈월광 소나타〉 3악장도 좋고, 쇼팽 에튀드 〈혁명〉도 딱 좋겠다. 요즘에야 힘 실어 피아노 칠 일이 없으니 이 기회에 스트레스라도 풀게 둥당거려 볼까 싶었다. 하지만 몰아치듯 빠르게 쳐 내야 하는 프레스토 아지타토 곡과, 왼손은 끊임없이 아르페지오로 받쳐주고, 오른손은 비장하게 광광대는 곡을 시원하게 칠 수 있을

성싶지 않았다. 많이 무뎌진 데다 수십 년 반주만 하다 보니 한창때 같은 연주는 무리였다.

　아쉬운 마음으로 음악을 크게 틀었다. 마침 즐겨 듣는 드라마 OST의 볼륨을 키웠다. 마음은 들썩였지만, 저 소음을 뚫고 귀에 꽂히기엔 너무나 감미로웠다. 어떤 음악을 갖다 대도 마찬가지일 테다. 스타벅스에서 나올 법한 재즈 음악, 노천카페에서 설탕 한 스푼 넣은 에스프레소를 홀짝이며 들을 것 같은 샹송마저도 흡수해 버릴 듯한 매직.

　드럼을 배운 적이 있다. 나이 들어 감각은 굳었어도 명색이 음악 전공인데, 하며 호기롭게 달려들었다. 집에는 드럼이 없어 테이블 위에 담요를 깔고 책들을 놓고는 스틱으로 때리며 리듬 연습을 했다. 무리한 시도는 길게 가지 못했다. 얇은 이불로 소리를 덮기엔 어림없었고, 층간 소음을 고려하지 못한 도전은 이웃집의 제재로 이내 접어야만 했다. 당연했다. 그러니 드럼을 온전히 칠 수 없는 핑계로 환경 탓을 해도 그만이었다.

　오늘 같으면 드럼 스틱으로 냄비를 두들겨도 되겠다. 오히려 마음이 편해진다. 그 와중에 빨갛고 단단한 책이 눈에 띄었다. 2009년이라니. 뭐가 이리 쏜살같이 흘러버렸을까. 책 속의 그녀는 조곤조곤 속삭이듯 고운 시절을 말갛게 담아내었다. 때로는 일기로, 때로는 시로, 때로는 편지로 진솔하게 그려져 마치 처음 읽는 것처럼 다시 빠져들게 했다. 그런데도 아주 작고 희미한 데다 핑크색, 초록색, 혹은 갈색으로 장식된 글씨가 보일 때마다 미간을 찌푸렸다.

당시엔 생눈으로 읽었을 앙증맞은 글씨들이 이제 나를 당혹하게 했고, 돋보기를 끼고도 책에다 얼굴을 들이밀게 만들었다. 책 속의 그녀도 나도 딱 그만큼 나이 들었다. 책에서 그녀가 건넨 말,

비 오는 길에서
차가운 맥주 한 잔 어때?

-아니, 몸 생각해야지, 이제.

작은 소리조차 소음으로 느껴질 때가 있다. 자려고 눈 감는 순간부터 예민해지는 청각. 시계 초침 소리라든지, 윗집에서 물 내리는 소리, 평소 조용하던 공기청정기 소리마저 뚜렷하고 농밀하게 아우성치는 듯하다. 갱년기 들어 불면증으로 고생한다는 친구들 얘기가 떠오르면서 나도 올 것이 왔구나 싶어 더욱 뒤척이게 된다. 하지만 다행스럽게 그런 날은 아주 가끔일 뿐이다. 남편의 코 고는 소리를 ASMR 삼아 금방 잠이 드니 얼마나 감사한 일인가.

드디어 하루 종일 울리던 드릴 소리가 멈추었다. 깨끗하고 순전한 정적이 흐른다. 아, 고요 속의 평온이 이렇게나 아름답고 평화로운 것이었나. '은혜'를 뜻하는 헬라어로 '카리스$\chi\acute{\alpha}\rho\iota\varsigma$'라는 말이 있다. 기쁨이나 감사, 자비, 보답이란 의미를 내포한다. 은혜를 깨닫는 순간부터 감사에 이른다면 의식하지 못하는 일상은 얼마나 불행하겠는가. 공기의 소중함을 알 듯, 한순간의 호흡도 놓치지 않는

삶에 대해 경이로움을 깨닫게 되는 것처럼, 갈수록 이런 말들은 마음을 울린다.

  살 것 같다. 카리스!

명품

　복제품은 앤디 워홀 작품의 보증서까지 치밀하게 제작했다. 미국 창작집단 '미스치프(MSCHF)'가 이렇게 대담하게 베껴도 작품으로서 가치를 지니는 건, 그 속에 담긴 의미가 선득하도록 현실적이기 때문이다. 원작을 구별하기 힘들어진 세태를 반영하면서도 창작품의 기발함이 빛을 발하므로 불편해도 마주해야 한다. 아이러니하지만 대량 생산하는 작가들이 높은 수익을 창출하는 시대에 지켜내야 할 명분과 가치에 혼란이 생기는 건 어쩔 수가 없다.

　단 한 점의 예술 작품과 999점의 완벽한 복제품을 합친 1,000점의 에디션을 판매했다면 믿겠는가. 못 믿을 건 또 뭐란 말인가. 문화와 상술이 만나 시너지가 된다면. 질펀한 정보의 늪에서 진짜를 분별할 능력이 과연 얼마큼이나 있을까. 어지럽다. 노트북을 열어 놓고, 티브이를 틀고, 문자 확인하는 일을 동시에 하는 멀티태스킹에 익숙한 현대인. 나의 하루만 봐도 먼지를 훔치다 생각하고, 계획을 짜다 식물에 물을 주기도 하는, 지독히도 어수선한 어른 ADHD라도 되는 듯…. 너무나 많은 데이터에 물리고 질려 가래떡처럼 뽑아낼 생각의 정리가 수시로 필요하다.

주문한 적 없는 명품 가방 문자를 받고 링크된 문의 전화번호를 홀린 듯 눌렀던 기억. 그렇게도 고전적인 수법에 넘어가 명품 가방 몇 개를 사고도 남을 돈을 날리고 오랫동안 분노조차 휘발시켰던 기억. 나의 우둔함과 사악한 스팸과 그저 꼬리 하나 잡혔다는 소식들 중 어느 것 하나도 마주하고 싶지 않은 치부가 되었다. 피해자에게 남은 건 물질적 손실만큼 치명적인 자책과 페이크가 난무하는 세상에 대한 환멸이었다.

오랜 기억이 꿈이었는지 헷갈리는 것처럼 단순한 기억의 왜곡이 아니더라도 우리 머리는 이토록 불완전하다. 그렇게 내 앞가림하기도 바쁜데, AI조차 때로는 뻔뻔하게 거짓 정보를 흘리는데, 무슨 재간으로 완벽한 진짜를 판별하겠는가. 누리는 만큼 짊어져야 할 고뇌도 추가되는 것뿐이다.

현미경을 들여다본다. 전시회에 와서 복제된 작품을 보고, 현미경을 들여다보는 건 예상치 못한 일이었다. 세상에는 모든 음이 다 나와 있고, 작곡이란 그것을 어떻게 조합하느냐에 달린 것이라고 한 어느 작곡가의 말이 떠올랐다. 특별한 것을 만들려면 그만큼 새로운 아이디어와 조합이 필요하고, 그렇게 비틀어야 흥미로운 요소가 된다.

현미경 속에서 나타난 건 반짝거리는 명품 백이었다. 기능은 사라지고 브랜드의 가치만 놀랍도록 욱여넣은 작은 결정체. 눈으로 보이지 않는 완벽함이란 허망하기가 그지없는데, 현미경을 수반한 콤비네이션 가방(?)은 고가에 낙찰되었다고 한다. 그 물건의 주인은 가방이 아니라 가치를 산 것이다. 명품이 아니라 작품을 산 것이다.

유튜브 알고리즘을 통해 우리 곁을 떠난 가수의 목소리를 최신곡에 덧입힌 AI 콘텐츠가 올라왔다. 무슨 일이 일어나고 있는가. 이젠 들을 수 없는 가수의 목소리를 접했을 때 처음엔 반가웠고, 울컥했고, 경이로울 만큼 소름이 돋다 결국엔 우려가 되었다. 콘서트에서 열광했던 그의 목소리가 분명 맞는데. 그 차이를 느끼지 못하는 인간의 감각이라니. 잘 이용만 한다면 절실한 누군가에겐 좋은 용도가 되겠지만, 한 발짝 내밀기도 조심스러웠던 거울의 방처럼, 눈으로 보고도 귀로 듣고도 알 수 없는 부분이 점점 늘어가는 것만 같다.

한때 착시 미술로 유명한 올렉 슈프락Oleg Shuplyak의 그림에 관심이 간 적이 있다. 마치 숨은 그림처럼 여러 모습이 겹쳐 보인다. 예를 들어 직관적으로는 사람의 얼굴로 보이다 그 안에 많은 것들이 존재함을 깨닫게 된다. 나무이기도 하고, 갈대밭이기도 하고, 책일 수도 있고, 집이 담겨있기도 하다. 입체적인 것과는 또 다른 매력이다. 보이는 것에 얼마나 확신을 가지고 살아가나. 세상은 점점 복잡해지는데. 그림도 그런 중의적 표현으로 다가왔다.

매미는 여름 한 철이지만 해마다 신고식을 한다. 여름의 포문을 열고 생명이 잦아들 때까지 죽을힘을 다해 울어댄다. 존재와 가치를 알리는 방식이다. 여름 하면 떠오르는 상징으로 얼마나 독보적인가. 아무것도 하지 않으면 아무 일도 일어나지 않는다 했던가.

스스로 가치를 높일 방법은 얼마든지 있다. 연마하거나, 형식에 눌리지 않고 새로운 시도를 하거나.

진짜를 구별하는 일이 점점 난해해지며 위축되어도, 치부조차 반면교사로 삼을 수 있다면, 숙면에도 감사하는 하루라면, 복제되는 세상에 경각심을 가질 수 있다면, 조금 덜 불안해도 되지 않을까. 때로는 덜어낼 건 덜어내어야 한다. 어쩌면 얼굴 하나를 지웠을 뿐인데 많은 걸 삭제하는 것일 수도 있다. 명품이 되는 방식엔 한 가지만 있는 건 아닐 것이다. 의미를 부여할 때 명품이 되어 살아나는 것처럼. 딱 한 점의 가치는 스스로 만들어내는 것이라 믿고 싶다.

간만에 온 피싱 문자, 타격감 하나 없이 무심하게 차단하고 지운다.

◇ 무위

김금예

2016년 《문학도시》 등단
드레문학회, 금정문인협회, 부산문인협회, 부산수필문인협회 회원
crv96h0213@daum.net

무위

 3월의 이른 새벽. 흐릿한 창 너머 떠나온 세상이 낯설다. 집에 도착한 순간 날아가 버릴 감정인 것도 안다. 여행에서 돌아오면 언제 떠났냐는 듯 익숙한 자리에서 내 손길을 기다리는 살림살이처럼.
 갑자기 닥친 불운한 왼쪽 무릎 관절 수술은 잘됐다고 한다. 아마도 우리나라 로봇 관절 수술은 세계 최고 수준이지 싶다. 수술한 부위는 둥그스름하니 부었지만 통증이 서서히 가라앉을 즈음 생경한 손님 하나가 찾아들었다. 무위. 하얀 백지 모양 아무 할 일이 없다.
 병실 밖 세상은 지역 재보궐 선거 기간이다. 아침 식사가 끝나자마자 병실은 확성기 소음에 점령당한다. 선거 선전 구호에서 동요는 가장 만만한 모양이다. 종일 소환된다. 최악의 음질이 쏟아내는 동요라니. 어떤 뜻이 있는 건지 아닌지 알 듯 모를 듯 아리송하다. 그 와중에 어느 사이 무료한 귀에 꽂힌 음절들. 곰 세 마리, 무럭무럭, 아기 상어, 뚜 루루 뚜루…. 우스운 일은 가끔 중얼중얼 따라 하고 있는 내 목소리가 들릴 때도 있다는 것이다.
 입원한 아내 덕분에 남편은 매일 병실에 들른다. 퇴직한 지 일 년 만에 가사노동 독박을 쓴 남편. 분리수거 하랴, 장보랴, 세탁기

돌리랴 하루가 어떻게 가는지 모르겠다, 한다. 환자가 된 아내의 까다로운 요구까지 내심 번거로울 것이다. 나는 남편 모습이 병실에 비쳐 든 맑은 햇살 같아서 그냥 웃음이 난다.

수술은 왼쪽 무릎이지만 왼쪽 발바닥도 바닥에 닿으면 안 된다. 그것은 금기사항이다. 의사 선생은 물론이고 간호사들도 왼쪽 발바닥이 바닥에 닿았다가 잘못되는 경우 재수술에 들어간다는 경고장을 날린다. 절대 수술한 다리의 발바닥은 바닥에 닿으면 안 된다는 것. 그런데 왼쪽 발바닥이 바닥에 닿는 그 짧은 순간을 종종 들킨다. 보조기 안에 갇힌 다리가 도저히 참을 수 없을 지경으로 갑갑한 탓이다.

나는 요리조리 퇴원을 궁리하면서 근근이 휠체어에 앉는다. 보조기를 찬 다리를 앞으로 쭉 뻗은 자세로 운동 삼아 병실 복도를 일없이 서너 번 돈다. 오가는 길에 낯익은 환자들과 눈인사를 나눈다. 일부러 나를 자신의 병실로 데려가서 간식거리를 건네는 다정한 환자도 있다. 다리 관절 수술만 이미 두 번째인 그는 자신을 종합병원이라고 소개한다. 거의 일 년꼴로 몸에 탈이 붙어 입원을 한다는 것이다. 덕분에 그의 환자복 주머니에는 병원들에 관한 정보가 넘쳐난다. 지금 입원 중인 병원의 시설이나 식사는 아주 만족스러운 듯하다. 갑자기 나도 식욕이 돈다. 어쩌지 못하는 운명처럼 살과 뼈에 불운을 당한 환자들. 너 나 할 것 없이 마음은 어지러운 나라 때문에 오히려 우울증에 빠질 것 같다고 한다.

내 침대로 돌아온 나는 시원하게 영화를 한 편 때릴까 하다가 문학잡지를 펼친다. 그때쯤 나보다 훨씬 힘이 센 확성기 소음이 기다린 듯 달려와 나를 때려눕힌다. 8층 병실에 누워 바라보는 창밖 푸른빛은 고성방가에도 불구하고 수백 년 전의 옛 성화에서 옮겨 온 하늘빛을 띤다. 이제, 뭉게구름 사이로 미켈란젤로의 아기 천사가 나팔을 불면서 나타날 차례 아닌가.

  평화 그 선한 세상.
  에잇, 또 잠이나 청하자.

◇ 나무야, 나무야

김덕조

2014년 《수필과비평》 등단
수필집 『비꽃을 보다』 『그 겨울은 따뜻했다』
드레문학회, 사하문인협회, 부산수필문인협회,
부산수필과비평작가회의, 부산문인협회 회원
kdj7124@hanmail.net

나무야, 나무야

　승학산 칠부 능선 약수터에는 사시사철 맑고 시원한 물이 흐른다. 약숫물을 몇 통씩 짊어진 사람들은 운동도 하고 좋은 물도 마시고 일석이조라며 자랑이 늘어진다.
　그 아침, 어김없이 약수터를 향해 숨가쁘게 올라갔다. 졸졸 맑은 물소리는 여전한데, 어쩐지 앞이 휑하니 비어있다. 어? 어디 갔지? 둘러보던 사람들이 서로 얼굴만 쳐다본다. 어떻게 된 건지 아는 이가 없다. 누가 아름드리 소나무를 훔쳐 갔나 봐! 비어있는 그 곁으로 키만 삐죽한 상수리나무나 가지가 멋없이 뻗은 아카시아 나무는 그대로 있었다. 오래 정들었던 지인이 모르는 곳으로 떠난 것 같아 섭섭해서 선뜻 돌아서지 못한다.

　그날도 우리 일행은 황톳길을 걸었다. 한참 만에 쉴 곳을 찾아 자리를 깔았다. 양귀비꽃이 군데군데 피어있고 향긋한 풀 냄새가 코끝에 맴돈다. 맑은 호수에 하늘이 파랗게 내려앉았다. 호수 앞 사람들이 그림처럼 평화롭다. 오래전 상상했던 풍경을 사진에 담는다.

내 친구 엄마는 시장통에서 팥죽 장사를 했다. 그 애는 아버지가 없었지만 용돈도 넉넉하게 갖고 다녔다. 일요일에 수원지로, 놀이동산으로 가족과 놀다 왔다고 자랑했다. 부럽고 얄미웠다. 그러나 부러운 티는 하나도 안 냈다.

우리 아버지는 돈 버는 재주가 없었던 것 같다. 늘 푸념하던 어머니는 서당 훈장이었다는 외할아버지의 영향이었는지 장사하는 일을 좋게 보지 않았다. '먹는 음식을 길바닥에서 파는 사람도 있네.'라고 했다. '팥죽을 팔아서 고기 사 먹으면 되지!' 엄마는 진짜 촌사람 같다고 생각했다. 그때 오빠의 책상에서 외국 잡지책을 넘겨본 적이 있다. 몇 장을 넘기자 아름다운 정원을 배경으로 단란한 한 가족이 보였다. 맛있는 과일이 가득 담긴 바구니, 그 앞에 귀한 바나나가 송이째 놓여있었다. 사람들 표정도 마냥 행복해 보였다. '내게 가족이 생기면 나는 이보다 더 행복한 가정을 만들 거야!'라고 나는 생각했다.

그러나 무슨 복인지, 일이 너무 많은 시집이었다. 시어머니와 두 명의 시누이, 기사들의 밥 챙기는 일까지, 나는 잠시도 쉴 새가 없었다. 어느덧 시누이들 차례로 결혼해 나가고, 나도 두 아이 엄마가 되었다. 어렵기만 하던 어머님도 손주들의 재롱에 흠뻑 빠져 지냈다. 얼추 내가 할 일은 다한 듯싶었다. 이때, 내 몸이 이상 신호를 보내기 시작했다. 의사는 지금 서둘지 않으면 큰일이 몇 번인가 날지도 모른다는 경고를 했다. 빈혈이 심해 자주 어지럽고, 잔기침을 하니 폐도 걱정된다고 했다.

어느 날 숨쉬기가 불편해서 이비인후과에 갔다. 물혹을 발견하고 제거하다 동맥이 터졌다. 고장 난 수도꼭지처럼 피가 멎지 않았다. 백혈병인가 싶어 또 검사하고, 날마다 수혈 주머니를 달고 있었다. 몹쓸 병에 걸려 죽을지도 모른다는 소문도 났다. 스트레스가 극에 달했다. 막 사십을 넘겼는데 머리가 하얗게 세어 버렸다.

갓 중학교에 들어간 둘째 아이가 울먹이며 엄마를 찾아왔다. "엄마, 나 공부 열심히 해서 일등 할게. 아프지 마." 엄마가 좋아하는 일등만 하면 엄마는 아프지 않을 것이라 생각했을까. "일등 안 해도 괜찮아!" 나는 아이의 손을 꼭 잡았다. 엄마가 없는 빈집이 얼마나 허전했을까. 아무것도 못 하는, 나무 둥치처럼 앉아만 있는 엄마라도 곁에 있길 원할 테지. 절대 안정이 필요하다고 했지만 나는 그냥 퇴원했다. 만지면 부서질 것 같은 엄마를 '내가 다 도와 줄 거야.'라며 두 아이가 활짝 웃으며 반겼다. 나는 그때 결심했다. 아픈 엄마가 되어서는 안 된다고. 다짐은 욕심이었을까, 나는 몇 번인가 더 응급실에 가야 했다.

오래전에 꿈꾸었던 즐겁고 행복한 가정은 그냥 얻어지는 게 아니었다. 건강한 몸이 행복을 부른다고 한다. 아이들을 생각하면 힘들다는 운동도 참을 만했다. 내게 운동은 언제나 진행형이다. 지금 아니면 안 된다는 조급함인지 황톳길, 숲길 가리지 않고 걷기라면 자주 따라나선다. 내가 걸어야 할 이유가 거기 있기 때문이다.

이제 돌아갈 시간이 되었다. 비탈길이다. 유황을 발라 황금빛이

도는 나목이 서 있다. 그 곁으로 사람들이 다가가는 걸 보았다. 몇 발짝 앞서가던 지인이 갑자기 비명을 질렀다. 눈 깜박할 순간에 일이 벌어졌다. 앞 사람 뒷모습을 빤히 보고 있었는데 어떻게 된 건지 도무지 모르겠다.

 나무가 사람을 쳤을까. 사람이 나무에 시비를 걸었을까. 그는 이마를 심하게 다쳐 쓰러진 채 고통으로 괴로워한다. 사람들이 몰려든다. 한 젊은이가 급하게 달려와 119에 전화를 걸었다. 혹 머리라도 다쳤을까 봐 손도 대지 못한 채 망연자실 지켜보기만 했다.

 순식간에 환자가 된 지인은 들것에 실려 병원으로 갔다. 불안했던 며칠이 지나자 다시 그곳이 궁금했다. 잎 하나 달지 않은 고사목은 금줄 속에 죄인인 양 서 있었다. 나무는 할 말이 없다. 굳이 변명하라면 '오래 서 있어 욕되다.' 한다.

◇ 외로움의 손을 잡다
◇ 당신

김병국

2005년 《에세이 문예》 수필 등단
2011년 《문학도시》 시 등단
시집 『겨울 그 자리』
수필집 『용이 된 연어』,
『보리밥 한 그릇과 막걸리 한 잔과 햇살 한 조각』
minamkbk@naver.com

외로움의 손을 잡다

별들은 손잡고 있으면서도
외로워서 반짝이고
수양버들은 봄이 왔는데도
외로워서 길게 가지를 늘어뜨린다
사랑하는 사람이라고 함께 있는 것도 아니고
함께 있다고 사랑하는 것도 아니다
스스로 사랑이 되어
너의 손을 잡고 외길을 걸어가라
생각보다 너의 손은 햇살처럼
따뜻하고 살갑다는 것을 알고
혼자 가는 사람은 있어도
혼자 가는 길은 없다는 것을 안다
이젠 마음을 한들한들 흔들어놓고
한 번도 머물러 속삭인 적 없는 갈바람을
갈대는 원망하지 않는다
아주 작고 연약한 다람쥐
밤에 홀로 있어도 무서워하지 않는다

당신

산의 끝에 서서
앞으로도 뒤로도 더 갈 수 없는

나를,
찍어 콤파스로 돌리면

산을 사랑하는
나는,
나를 사랑하는 산이 된다

◇ 여름, 지나가다
◇ 폭우

김연희

2017년 《문학도시》 등단
gongjumu@naver.com

여름, 지나가다

앉아있기가 견딜 수 없을 때
바람을 만나러 간다
지금의 너를 알고 있어
라고 말하며
정수리를 통과한 후
내 몸뚱이를 천천히 감싸준다

넌출거리며 춤추는 아카시아나
잇속을 드러낸 백합을 안고,
약속은 하지 않았다
혼자 오지 않는
그런 바람
마음껏 부리기로 한다

때로 바람은

지상에 착지하지 못하고
우리는 발을 들고 있다

마지막 얼굴이 바닥을 향했고
허물어진 얼굴을
숲에 남기고 그가 갔다

여름은 드세어 지고 있다
무너진 표정들이
허우적대며
폭우에 휩쓸려간다
우리는 얼굴을 가린 채
여름 한가운데 서 있다

폭우

소리가 오기 전에
흙냄새가 오고
아마 그가 당도하고 있다

어떤 것에도 눈 돌리지 않겠다는
비의 기세에
그 밖의 것들은 숨을 죽인다
빈 방에 가구처럼 있던 고요는 겁이 없다
고요는 집보다 몸이 크고
자잘한 집기의 눈동자를 통제한다

벽을 타고 흘러내리는
비는 그림자를 숨기고 있다
비가 흔들어대는 것은
바깥의 것만이 아니다

정수리부터 발끝까지
나의 내부를 통과한다
몸에 고여 있던
먼 날의 기억을 적시며
자잘한 파편을 쓸고 간다
폭우는 말 그대로 폭우일 뿐
뒤돌아보지 않는다

저 혼자 길을 만들며 가는

◇ 울우루ULURU
◇ 나는 나비

김정읍

2009년 《수필과비평》 등단
2007년 토지문학제 수필 부문 우수상
2008년 간호문학상 수필 부문 우수상
수필집 『움직이는 벽』, 『옆자리』, 『나를 알고 계시온지!』
수필과비평작가회, 부산수필과비평작가회, 드레문학회 회원
yjkim3228@hanmail.net

울우루 ULURU

 몇 시간을 달려도 사람 사는 흔적이 보이지 않는다. 그저 올망졸망한 나무들이 푸르스레하게 보이는 광활한 평원이다. 평원처럼 보이는데 사막, 붉은 사막지대라 한다. 관광버스 안에 TV는 없고 가이드는 건조한 안내를 계속하고 있다. 복잡한 청각은 시각을 앞세운다. 차창 밖, 땅은 붉고 하늘은 파랗다. 파란 하늘에 하얀 구름은 팬터마임을 하는 것 같다.

 그렇게 한참을 달린다. 어느 순간 저 멀리 지평선에 잘 구워진 카스텔라 하나 올려놓은 것 같은 점이 눈에 들어온다. 점점 크게 보이면서 다가오는 산, 거대한 바위산이다. 세계에서 제일 큰 단일 암으로, 높이 348m, 둘레 9.4㎞라 한다. 세계 10대 명소 중 하나인 이곳 울우루Uluru는 호주 원주민들 Aborigine의 민속 문화와 그들 조상의 영혼이 서려있는 곳으로 여겨 신성시된다.

 지구의 배꼽이자 호주의 중심부라 하지만 사막지대인 이곳이 관광 명소로 유명세를 얻게 된 사연은 충격적이다. 1980년대 목사 부부가 어린 자녀 두 명과 영아嬰兒를 데리고 이곳에 와서 야영을 하였다. 어느 순간 영아가 없어져서 찾아 헤매다가 결국 찾지 못하여 경찰에 신고했다. 대규모 수색을 했으나 아무런 흔적도 발견하지 못했다. 아이 부모는 호주 들개(dingo)가 물어간 것 같다고 하였으나 경찰은 엉뚱하게도 엄마가 아이를 신에게 제물로 바쳤다고 몰아세웠다. 재판도 그쪽으로 기울어져 결국 아이 엄마는 옥살이를 하게 되었다. 이 소식이 대서특필되면서 사람들이 찾아오기 시작했다는 가슴 아픈 이야기다. 아이 엄마는 31년 후에야 무죄 석방되었다니 얼마나 통탄스러운 일인가.

Uluru. 원주민들의 언어로 '그늘이 지난 장소'라는 뜻이란다. 그늘마저 드리우지 못하고 지나버린다니. 그늘의 많은 의미 중 가장 신비스러움이 담겨있는 표현이 아닌가. 태양 빛에 따라 시시각각으로 색깔이 변하는 거대한 바위산. 가장 변화무쌍한 시간은 해돋이와 해넘이 때다. 해넘이 시간에 맞추어 관광객들의 발걸음은 부산해지고 이를 더 관조할 수 있도록 각종 프로그램이 진행된다.

"와인을 마시지 못해도 일단 잔은 받으세요. 우아하게 한 모금이라도 하시고 남은 건 제게 주시면 되요." 파티 형식으로 진행되는 순간마다 잔을 사양하는 내가 보기에 촌스러웠는지 한 마디 건네는 우리 일행, 日新의 식구답다. 장난감같이 예쁜 와인 잔을 받아 들고 한 모금 음미한다. 달콤한 듯 짜르르한 맛이 코끝을 찡긋하게 한다. 붉은 바위산이 풍기는 맛과 같다고 할까.

서쪽 하늘이 붉게 물들어간다. Uluru의 변신이 시작된다. 빨갛게 우뚝하던 바위산이 홍자색, 홍갈색으로 변하는가 싶더니 진회색으로 변한다. 순간적으로 변하는 그 색깔 속에는 무지갯빛 모든 색이 어울려 있는 것 같다. 가장 단순하면서 심오한 의미를 부여하는 Uluru의 매력에 심취된다. 자연의 신비스런 조화에 고요하고도 커다란 울림이 어쩔 줄 모르는 설렘으로 다가온다. 그 한없는 감탄 속에서도 태양은 관광객의 감정이야 알 바 아니란 듯 여상하게 지평선 너머로 들어간다. 자연의 질서에 순응하듯 Uluru는 무심하게 깔리는 땅거미 커튼에 덮이고 만다.

  금강산도 식후경이라 했던가. 웅성웅성 잔칫상 같은 테이블이 차려진다. 둥근 테이블에 촛불이 밝혀지고 잔잔한 음악까지 들려온다. 붉은 사막의 밤에 뷔페 음식이라니…. 식사가 끝나자 인위적인 빛들을 모두 거둔다. 오롯이 자연의 밤빛 아래 명상의 시간이다. 자연이 가장 자연스럽게 아름다운 이곳에서 지금 나는 무엇을, 어떻게 생각해야 하는가. 미처 답이 떠오르지 않는데도 달빛과 별빛들은 교교하게 지면에 내려앉는다. 열이틀 달과 별들이 유달리 크고 선명하게 보이는, 푸근한 밤이다.

  다음 날 새벽, 서둘러 다시 전망대로 오른다. 박명에 거뭇하게 서 있는 바위산은 그저 바위색이다. 사막 지대의 새벽은 오싹하리만큼 춥지만 해돋이와 어우러지는 바위산의 신비를 마주할 마음은 열뜬 기대감으로 가득하다. 희끄무레하다가 발그레해지는 동녘 하늘빛에 따라 회색빛 윤곽으로 기지개를 켜는 것 같던 바위산, 불끈 솟아오른 해님 따라 핏빛 선홍색으로 화답한다. 발갛게 달아오르는 해님과 바위산 사이에서 나도 빨갛게 물든다. 야호~ 맥박도 덩달아 쿵쾅거린다. '그늘이 지난 장소'라는 신비스런 단어로 표현한 원주민들의 감성이 이해될 듯도 하다.

  해돋이와 함께 붉은 사막 지대에 빨갛게 우뚝 솟은 Uluru. 신의 손길에서만 볼 수 있는 신비스러움이다.

나는 나비

"잠가, 잠가. 큰형님이다." 물 귀한 줄 모르고 자란 동서들의 다급한 소리를 듣는다. "그래, 헹굴 때나 틀어야지." 동서들에게 나는 시어머니도 참견 않는 설거지 시집살이를 시켰다.

때 아닌 홍수로 집이 물에 잠기고 가재도구가 떠내려가는 영상이 뜬다. 저를 어쩌나, 으스스 한기가 느껴진다. 용오름이 회오리치더니 마을이 쑥대밭이 돼버렸다. 머릿속이 어질어질하다. 고귀하고 장엄하게 솟아있던 빙산이 꽈르르 무너진다. 깜짝 놀라는 가슴에 천둥이 인다. 어장의 물고기들이 떼죽음을 당하여 둥둥 떠 있다.

폭염으로 목숨까지 잃었다는 뉴스에 한숨이 인다. 가뭄으로 수운 길이 메말라서 아무것도 할 수 없다고 울상 짓는 뉴스를 접한다. 쩍쩍 갈라진 논밭에서 시들어가는 농작물을 보며 한숨짓는 농부들을 본다. 내 마음도 타들어 간다. 농부의 딸로 자란 나, 가뭄으로 애태우시던 부모님의 걱정하는 대화를 자주 들었고, 어린 마음에도 비 내려주기를 간절히 빌었다. 예측과 대비를 무색하게 하는 가뭄과 홍수, 혹한과 혹서, 거기에 산불까지. 이 일을 어쩌면 좋은지. 이 모든 것이 지구 온난화 때문이라고? 그러니 이제 내가, 우리가 해야 할 것은 무엇인가.

고향집 마당가 하수구로 통하는 쪽, 평평하고 높직한 돌 위에 세숫대야가 있었다. 놋으로 된 세숫대야로 아침마다 온 식구가 돌아가며 물 한 바가지씩 부어 세수를 하였다. 겨울에는 가마솥에 지펴 논 따뜻한 물을 사용하였다. 가끔씩 올케가 기와 가루를 짚에 묻혀 박박 닦아 광을 내면 세숫대야는 고풍스럽게 빛을 발하였다. 광이 나는 세숫대야에 물을 담아 세수를 하면 귀인이 된 것 같아 오래오래 세수를 했다. 아니 물장구를 쳤다.

기와 가루와 짚이 귀해져서일까, 광내는 일이 힘들어서일까. 슬그머니 스테인리스와 양은 대야가 등장했다. 기와 가루와 짚 대신 수세미에 비누칠을 하여 때를 벗겨 주었다. 그리고 얼마 지나지 않아 플라스틱이 등장하였다. 이제 아파트 화장실에서 세숫대야는 보기 힘들다.

우리 집 세면대에는 작은 세숫대야가 있다. 양동이와 바가지도 있다. 하얀 플라스틱 소재다. 과일과 야채를 헹군 물은 양동이에 부어놓았다가 사용한다. 변기 물 한 번 내릴 때 버려지는 물 양이 엄청나다는 것을 실감한다. 몇 해 전 가뭄이 심할 때, "도시 사람들아, 제발 변기 물 함부로 내리지 마시라."고 일갈하던 어떤 농부의 하소연이 뇌리에 남아 있다.

지구 온난화 대책을 위하여 세계적으로 힘을 모으고 있음에 희망을 갖는다. 정책적으로 구체화 방안을 강구하는 일에 참여하기를 힘쓴다. 일회용품을 줄이자는 데 적극 찬성한다. 외식을 하러 나갈 때 빈 그릇을 준비해 간다. 위대胃大하지 못한 나, 다 먹지 못하고 남는 음식을 담아오기 위해서다. 너무 일찍 쌀 한 톨의 귀중함을 알아버린 성격도 한몫한다. 장바구니도 갖고 다닌다. 야채나 과일을 사러 갈 때는 비닐봉지를 챙겨 간다. 한여름에 에어컨 켜는 대신 창문을 열어놓고 지내는 건 더위를 잘 타지 않는 체질 덕도 있다.

  이런 내 생활 태도를 혹자는 청승맞다고 할지 모르지만 나는 그저 당당하다. 솔로몬 왕은 성전을 건축한 후에 가뭄 해결을 위해 기도하며 간구하였다. 느헤미야 선지자는 나라와 백성들과 성벽 건축을 위하여 자기가 노력한 내용들을 떳떳하게 자랑하며 복 주시기를 기도해 응답 받았다. 역사극에서도 왕이 소복을 입고 기우제를 올리면 시청자도 간절히 두 손을 모으게 된다.

  지구 온난화 문제가 심각하게 보도될 때마다 나도 솔로몬 왕처럼, 느헤미야 선지자처럼 기도할 것이다. 내 작은 노력들을 어여삐 보셔서 삼한사온의 일기를 되찾게 하시고, 가뭄에는 단비를, 홍수 때는 무지개를 내려 주시라고 간구할 것이다.

  플라스틱 대야에 물을 받아 손을 씻는다. 플라스틱 용품이 나오지 않으면 좋겠지만, 기왕 만연한 생필품들 잘 손질하며 오래오래 사용하도록 할 것이다. 지구 온난화 예방의 작은 실천으로, 나비 효과를 기대하며….

◇ 편지

라성자

2007년 《수필과비평》 등단
수필집 『그냥 표류하다』
드레문학회 회원
jj2y999@hanmail.net

편지

 편지를 쓰는 것은 서로의 마음을 대신하는 의미가 담겨있어 받는 쪽도 쓰는 쪽도 행복한 위로가 된다. 주위로부터 상처를 받았을 때나 외로움이 슬픔이 되어 북받쳐 오르는 날에는 편지에서 받는 따뜻한 위로가 한결 절실하다.

 동구 밖 느티나무처럼 고향을 떠나지 못하고 붙박혀 사는 단발머리 친구 연이와 또박또박 눌러 쓴 편지를 주고받는 기쁨은, 일테면 권커니 잣거니 나누는 술잔 같은 것. 떨어져 있어도 깊은 우정은 그 거리를 메우고도 남는다. 컴퓨터로 글자를 찍어내는 것보다 펜으로 쓰는 글이 더 정겹고 영혼이 담긴 것 같아 가슴에 와 닿는다. 습관도 있지만 쓰는 일을 기계에 의존하다 보면 펜으로 쓰는 글자가 바르게 쓰이지 않으면 어쩌나 하는 염려도 살짝 있다.

 연이의 편지에는 고향 냄새, 풍경, 어릴 때 듣던 엄마 목소리도 함께 실려 온다. 몸이 안 좋아 세상 밖으로 나오지 못하는 연이의 심정이 편지글 이랑에 절절히 배어있다. 강물 같은 삶에 파문이 이는 날이면 유년의 바람이 그리움을 왁자히 데리고 아파트 층층을 올라 내 집 창문을 두드린다. 같은 마을에서 키 재기를 하며 유년을 보낸 우리는 학교 성적도 고만고만했다. 학교 가는 길에 마을 토속 신을 모신 당산이 있었다. 그 앞을 지날 때 절을 하지 않으면 성적이 떨어진다는 말이 친구들 사이에 떠돌았다. 등교 시간에 쫓겨 그냥 지나쳐 버리면 뒤돌아 가서 절을 해야 마음이 편했다.

파킨슨병을 앓고 있는 연이는 전화를 받을 때도 손 떨림으로부터 자유롭지 못하다고 한다. 지난해 절친한 고향 까마귀가 이승을 떠나고 그 후에 우리의 편지 왕래는 더 잦아졌다. 나는 바다 냄새 나는 글을 보낸다. 광안대교의 야경도 담고 백화점의 북적대는 사람 소리도 담고 지하철 안 경로석에서 일어나는 재미있는 이야기도 담는다. 지나간 것들에 대한 아쉬움을 조금씩 끄집어내어 글을 쓰면 세월은 그 기억들의 힘을 이기지 못하고 아주 멀어진 옛일도 다독여주는 향기가 된다.

하늘이 청자처럼 푸르고 탱탱하던 여름날, 화려한 꽃송이를 매단 호접란이 내 집으로 왔다. 달 항아리를 반으로 자른 듯한 백자 안에 호접란이 자리잡고 있다. 무미건조한 내 생활에 난을 벗 삼아 낭만적인 여름을 즐기라는 위로의 글이 담겨 있다. 난이 뿜어내는 아름다운 풍경과 낭만이라는 글자가 가슴 저릿한 무엇이 되어 화살처럼 날아온다. 낭만이란 어휘 속에 숨어있는 달콤하고 아련한 감성이 가슴 저편 먼 세계로 느껴진다. 일상이란 관성에 매몰되어 하루하루가 부식되어 가는 자신을 인식 못 하고 그렇게 시간만 흘러간다. 낭만은 우리 삶 속에 항상 함께 있는 것이지 현실과 낭만이 따로 있는 게 아니란 걸 깨닫지 못한다. 이 미련스러움 때문에 건조한 정신세계에서 방황하는 것 같다.

　서양 난은 개방적이고 도발적인 멋스러움이 있다. 맹숭맹숭하던 집 안에 생기가 돈다. 대자리 깔아놓은 시원한 대청에 있는 호접란 옆에 있으면 머리가 맑아지고 청아한 바람 한 줄기 불어온다. 상대가 어떤 물체이든 '함께'라는 당김의 힘은 일상의 권태와 대화의 궁핍에서 오는 고독을 밀어낸다. 홀로일 때는 스스로를 적요의 바다에 담가 세상과의 싸움에서 묻은 때를 말갛게 씻어내는 행위라고 애써 변명하기도 한다. 삶이란 심사숙고하면 철학에 가까워진다. 조금 해학적 단순함이 삶의 열락일 수도 있음을 생각해 본다.

　자신을 허수아비에 비유하는 연이에게 허수아비는 참새들이 쉬어갈 수 있게 어깨를 내줄 수 있으니 탄식하지 말라고, 참는 것과 견딤의 사이에서 방황하는 마음을 접으라고, 낭만은 도라지 위스키에 있는 것이 아니고 너와 함께 있다고 편지에 담아 보내야겠다.

　낙엽이 있어 외롭지 않은 이 가을. 아직 그리움이 이어져 있어 우리는 충분히 행복하다.

◇ 빨래
◇ 여름다운

류옥진

2014년 《한국미소문학》 등단
시집 『흩날리는 씨앗으로』
mishelle@bsks.ac.kr

빨래

땀범벅으로 돌아온 너
요한의 세례식처럼 물속을 오르내리고
느슨한 빨래줄 위에 줄줄이 펼쳐질 때

할 일 없이 떠돌던 바람이
너의 속살을 어루만져주고
바쁜 햇살이 호호 불어주니

구겨진 일상 털어내고
굽은 속마음 비워내어
비로소 뽀송뽀송해졌다

마당 넓은 대청마루 끝
빨래를 끝내고 잠시 누운 울엄마
고단한 손등 위로 햇살과 바람이 잠들곤 했다

한 세기가 지나기도 전
나는 좁은 아파트에서
바구니 속에 든 너를 고르고

원죄는 다 씻어버린 듯
탈탈거리는 기계음이
햇살 되고 바람 되어

먼지를 털어내고
내 고단함을 털어내고
엄마의 기억마저 털어낸다

여름다운

체온보다 높아진 더위에
몸살을 앓고 있을 개울가로 간다
한겨울, 적막했을 그곳

물장구 소리 웃음소리
하얀 속살 드러낸 아이의 발끝에
놀란 피라미떼 전쟁이라도 난 듯 흩어진다

산꼭대기를 거쳐 내리는 물결 따라
크고 작은 돌들이 시끄럽게 졸졸거릴 때
등 돌린 천년바위 여름 햇살에 뜨겁게 달아오른다

여름이 여름다워야지
뚝뚝 떨어지는 땀방울이 눈물 같았던
아버지의 여름

젖은 셔츠를 벗어 던지고
수돗가에서 등물을 끼얹으시며
한낮 땡볕도 두려워하지 않으셨는데

긴팔 셔츠를 입고
실내를 오가는 나의 여름은
땀도 땡볕도 다 두렵기만 하다

내 도시는 바람마저 뜨거운
모든 것이 여름에 물들어
이글거리는 아스팔트 여름

계곡으로 도망친 바람만이
차갑고 서늘한
바람다운 역할을 한다

여름다운 바람다운
제 역할을 하는 것이 중요한데
나는 나답게 살고 있는 걸까

◇ 꽃가위
◇ 해녀의 부엌

박호선

2011년 《문학예술》 등단
경북일보문학대전 금상 외 다수
2024년 아르코문학나눔도서 선정 『의자, 길을 묻다』
수필집 『나에게로 온 꽃』 외 1권
qkrghtjs51@naver.com

꽃가위

꽃가위를 손에 쥔다. 꽃가지와 마주한 가위는 농익은 밀밭에서 밀을 베는 낫처럼 싸각거린다. 수북한 꽃 무더기 앞에서 사기가 오른 듯 두 날을 세운다. 엄지손가락과 네 손가락에서 나오는 힘을 합친다. 가위의 본능은 자르는 것이다. 소재의 부드러움과 딱딱함 정도에 따라 손에 쥔 가위에 냉철한 힘의 조절이 필요하다. 길이를 가늠해 가며 꽃가지를 가위질로 다듬는다.

꽃봉오리가 어린아이처럼 입을 오물거린다. 꽃은 식물이지만, 자세히 관찰하면 잠시도 가만히 있지 않는다. 줄기에 물이 오르는 한 변화하는 환경에 적응하며 움직임을 보여준다. 입을 벌린 가위가 섬벅섬벅 소재를 두 갈래로 나눈다. 화려하게 재탄생할 것들이나 버려질 것들이나 가위 날에 잘리는 것을 피할 수는 없다. 가슴에서 손끝으로 순간적인 결정이 전달된다.

곁가지들과 어울리지 않는 꽃송이들을 잘라낸다. 잘려 나간 가지를 작은 잎이 붙잡고 있다. 방향이 틀어진 꽃송이도 고개를 꼬고 나를 바라본다. 내게 무슨 자격이 있을까 하는 생각이 스친다. 나는 짐짓 이 결정의 부담을 꽃가위에 넘긴다. 오늘따라 꽃가위가 너무 잘 든다.

  그저 취미생활 수준으로 꽃꽂이를 배웠다. 수십 년 전 처음으로 꽃가위를 쥐었을 때가 떠오른다. 그저 예쁘기만 한 꽃이었다. 그냥 두어도 아름답기 그지없는 꽃이었다. 그런 꽃에 가위를 들이댄다는 것이 마음 편치만은 않았다. 막상 어떤 꽃송이와 줄기를 잘라낼지 망설여졌다. 흐드러지게 피어버린 동백꽃 한 송이를 잘랐다. 검붉은 동백꽃 송이가 홀로 땅바닥에 떨어져 뒤척였다. 괜히 마음이 황망해졌다.

  경험해 보지 않으면 알 수 없는 것이 인생사이다. 그로부터 수년 뒤, 나도 그 동백꽃처럼 잘려 떨어졌다. 남편의 사업이 탄탄대로를 달릴 때는 활짝 핀 동백꽃처럼 나의 생활도 풍성하고 화려했다. 주위의 부러움도 사고, 간혹 나도 모르게 뽐내기도 했을 것이다. 그러나 외환위기라는 큰 가위가 그 꽃송이를 싹둑 잘랐다. 순식간에 나는 바닥으로 떨어졌고, 신음하며 몸부림쳤다.

  꽃은 식물이 피워내는 절정의 순간이다. 한 송이 한 송이마다 완벽한 조화가 깃들어있다. 그런데 꽃꽂이는 그저 꽃 한 송이를 꽂아두는 것이 아니다. 여러 가지 색깔의 꽃과 서로 다른 형태의 가지들, 다양한 소재들이 어우러져 만들어내는 꽃의 향연이다. 그러나 여러 꽃들을 함께 모아 꽂으면 의외로 복잡하고 산만한 느낌이 든다. 다들 제 잘난 줄을 아는 꽃들이니 제 모습을 드러내는 데에 양보란 없다. 온갖 보석으로 치장한 여인처럼 자칫하면 본연의 아름다움마저 잃기 십상이다.

이런 이유로 꽃가위가 필요해진다. 결국 꽃가위는 너무 잘나서 주위와 어울리지 못하는 꽃의 속성이 만들어낸 산물인 셈이다. 혼신으로 피워낸 꽃송이들을 어떻게 스스로 잘라낼 수 있단 말인가. 애착과 집착이 아교보다 더 단단히 자리 잡고 있다. 누군가 나서서 잘라내 주지 않으면 꽃들은 결코 주위와 조화를 이루기 힘들다. 그 악역을 꽃가위가 대신한다. 가위질은 스스로 겸손하지 못하고 비우지 못하는 존재들에게 가해지는 섭리는 아닐는지.

제 잘난 맛에 사는 것으로 치면 사람도 꽃에 못지않다. 처음에는 낮은 자세로 겸손하던 사람들도 성공 가도를 달리게 되면 초심을 잃기 일쑤이다. 대중의 인기를 얻고 나면 오만방자해지는 연예인도 있고, 재산이나 권력을 믿고 갑질을 하는 사람들도 있다. 참 세상이 불공평하다며 울분이 치솟을 즈음 어김없이 순리의 가위질이 시작된다. 요즘은 인터넷 여론이 날카로운 사회의 가위가 되기도 한다.

자연에서도 늘 가위질이 행해지고 있다. 생명이란 무한히 뻗어 나가는 데에 그 속성이 있다. 봄에 싹을 틔운 잎과 줄기는 여름을 맞아 무성하게 자라난다. 나무뿌리가 서로 얽히고, 촘촘한 잎들이 햇빛을 가린다. 모두가 지쳐갈 즈음 가을이라는 가위가 찬 바람을 몰고 등장한다. 가차 없는 가위질이 시작된다. 모든 꽃과 잎이 떨어진다. 숲이 텅 빈다. 허무를 느낄 정도로 가을이 잘라내고 비워 버린 공간은 허전하다.

그러나 가위에는 반전의 한 수가 있다. 지나치고 불균형한 것들이 잘려 나가는 아픔과 허무 뒤에는 다시 새롭게 시작할 기회가 주어진다. 아픈 만큼 성숙해진다는 말도 있다. 여유가 있고 잘 나갈 때 뒤를 돌아보기는 어렵다. 성취가 사라지고 상실감에 뼈가 아플 때 비로소 반성과 성찰의 시간이 온다. 그 몸부림에서 새로운 용기가 싹튼다. 그때 이르러서야 가위질의 진실이 밝혀진다.

　사업 실패를 딛고 바닥에서 일어서는 데에 꽃가위가 큰 힘이 되어주었다. 취미로 배운 꽃꽂이가 본업이 되었다. 건물 사이 틈새 가게에서 꽃을 팔았다. 꽃이 간판을 대신하여 손님을 불러들였다. 날마다 꽃을 자르면서 여러 해를 지냈다. 차츰 꽃가위를 쥔 손에 힘이 생겼다. 날개를 단 듯 손놀림이 능숙해졌다. 가위를 쥔 손과 다른 손이 장단을 맞추며 예약받은 화환을 만들곤 했다. 한 손으로는 자르고 나머지 한 손으로는 속도감 있게 꽃을 꽂았다. 그러면서 알았다. 잘라내는 것이 다시 성장하는 것의 시작이라는 것을. 그전보다 향기롭고 아름다우면서도 조금은 겸손한 꽃을 피울 수 있는 기회라는 것을.

　꽃가위로 아직도 자리를 내주지 않는 잔가지들을 자른다. 그리고 다시 작은 꽃들과 부소재들을 알맞은 길이로 자른다. 비어있는 공간이 조금씩 채워진다. 완성된 꽃바구니를 이리저리 돌려본다. 꽂힌 꽃들이 서로를 가리지 않으면서도 각자의 아름다움을 뽐내고 있다. 아니 도리어 옆의 꽃을 밝혀주고 있다. 모두 꽃가위의 지혜 덕분이다. 우리네 사람살이도 더도 덜도 말고 이만만 했으면 좋겠다 싶다.

해녀의 부엌

'해녀의 부엌' 문을 연다. 해녀라는 직업은 검푸른 바다에 온몸을 맡기는 일이다. 비록 바다에 들어가는 것이 일상이라 할지라도 그 가슴에는 매번 두려움과 설렘이 담겨 있을 것이다. 해녀들은 깊은 바다를 내 집 부엌처럼 넘나든다. 그 부엌에는 바다의 선물이 가득하다.

테왁을 안고 바다에 들어가 미역, 뿔소라, 전복 등을 망사리에 담는다. 테왁은 쉴 곳 없이 출렁이는 바다에서 해녀들을 기대게 해준다. 테왁의 크기로 해녀의 계급을 알 수 있다. 클수록 더 깊은 물에 들어갈 수 있다. 상군해녀는 15m 이상 잠수할 만큼 호흡이 길고 노련하다. 한번 물질을 시작하면 5시간이 기본이란다. 온몸으로 사투를 겪은 뒤에야 비로소 물 밖으로 나온다.

숨비소리를 내며 아이를 키우고, 한 집안의 가장으로 신산한 삶에 도전하며 가족을 건사하는 해녀들이다. 제주도 구좌읍에 위치한 '해녀의 부엌'은 그런 해녀의 삶을 엿볼 수 있는 극장식 레스토랑이다. 해녀로부터 직접 이야기를 들을 수 있다.

활선어 위판장을 개조해 놓았다. 위판장은 어촌에 사람이 뜸해지고 판매량이 줄자 문을 닫았다. 시간이 멈추어 버린 공간에 20년 만에 젊은 예술인들이 모여 해녀의 숨소리를 불어넣은 특별한 곳으로 재탄생시켰다.

이곳에서는 극 형식의 공연을 관람하면서 특별한 식사를 즐길 수 있다. 해녀와 부엌의 이야기가 어우러진다. 해녀라는 이름은 푸른 바다처럼 세월이 가도 늙지 않는다. 구순 노인이 된 해녀는 오랜 세월 함께한 바다와의 삶을 실타래처럼 풀어놓는다. 또 해녀들의 숨소리가 묻은 해산물로 손수 음식을 만들어 개인마다 상을 차려준다. 감동을 주는 밥상이다.

막이 열린다. 캄캄하던 공연장에 푸른 조명이 퍼져 마치 푸른 바닷속 같다. 잔잔하던 공간에 철썩철썩 파도의 성난 소리가 차오른다.

"서방을 바다에 바치고 아비 없는 자식 어떻게 키울까 걱정이다. 우리 어멍 삼촌, 서방 제삿밥 차리면서 물질하러 들어가. 바다가 원망스러워도, 언니, 새끼 먹여주고 키워준 것이 바다잖아. 나 혼자 할 수 있을까."

대사를 끝낸 미자가 울먹이자 이내 두 아낙의 눈물바다가 밀려든다.

"이어라, 저어라. 어금니 악물고 살아보자."

어슴푸레하던 무대가 밝아진다.

"미자야. 욕심내지 말고 무리하지 말고, 바다가 서방 앗아가 억울하고 분통하다만, 기쁠 때나 슬플 때나 숨 있을 때 꼭 나와야 한다. 욕심 내명 죽는다. 사람 살리는 건 바다 몫이야."

바다에 배를 타고 나갔던 남편을 풍파로 잃게 된 금덕, 친구이자 동료이면서 가족인 미자. 둘은 놓으려던 삶의 끈을 잡고 다시 물질을 하러 떠난다. 관람객들이 손수건으로 눈물을 훔친다.

90세 최고령의 권영희 해녀가 나직이 이야기를 들려준다.

"우리한테 바다가 뭐냐고? 뭐긴, 뭐라. 우리네 부엌이지."

제주에서 딸은 학교 대신 바다로 보내던 시절이었다고. 10살 때 물질을 배워서 89세까지 물질을 한, 생생한 해녀의 삶이 푸른 일렁임이 되어 공간을 가득 채운다.

"가족을 먹여 살려야 할 막중한 책임감은 해녀들 삶의 원동력이었다. 자식 5남매 학교 수업료 버느라, 제대로 돌봐주지 못해 가슴에 한이 맺혀 말이 안 나온다."

그 시절을 떠올리며 눈시울을 적신다. 모성애가 저리도 강할까 싶다. 작년까지도 물질해온 망사리 두 마다리에 우뭇가사리까지 얹어 저벅저벅 물 밖으로 걸어 나왔다고. 그 모습을 상상하니 여전사 이미지가 떠오른다.

"바다에도 계절이 있는 기라. 여름에는 바다풀이 무성하고, 육지나 바다나 매한가지여. 어렸을 적에 허리춤에 납덩이를 차고 바닷바람이 온몸을 때리는 수심 20m 깊은 데까지 들어갔는데, 귀가 아프고 어지러워서 귀를 막고 들어갔던 적도 있었지.

스물다섯 살쯤에는 내 숨비소리를 듣고 쌕쌕 소리를 내며 돌고래가 밀려온 적도 있었어. 배 아래로 저만치 가는 것을 보고 따라가

뿔소라, 전복을 많이 잡았지. 무섭지도 않았어. 돈 많이 벌어서 가족에게 돌아갈 생각만 했어."

옛 기억을 회상하는 늙은 해녀의 얼굴에는 젊은 날의 푸른 바닷물이 일렁인다.

"원정 물질을 2월에 나가면 8월에나 돌아왔어. 제주 해녀들이 강원도, 포항, 감포, 청산도, 일본까지 가서 외화벌이도 마다하지 않았지. 만삭에 물질하다가 배에서 출산하는 일도 허다했고. 지금은 해녀라는 업을 가치 있게 여겨 유네스코 인류무형문화유산에 등재됐지만 예전에는 천하고 부끄러운 일이었어. 지금 이렇게 무대 위에서 지난날들을 얘기하게 될 줄 어떻게 알았겠어."

해녀들의 속담 중에 '저승에서 벌어 이승에서 쓴다.'는 말이 있다. 가족을 지키기 위해 그만큼 위험한 바다에 나섰던 해녀들의 고생이 곧 제주도를 키운 밑거름인지도 모르겠다. 그녀들이 차려준 밥상으로 우리들의 속도 따뜻하게 채워진다. '해녀의 부엌' 무대 조명이 꺼지고 숨비소리보다 힘찬 박수 소리가 쏟아진다.

◇ 발자국
◇ 꿈속의 캄차카

변순자

2006년《수필과비평》등단
제9회 부산수필문학상
수필집 『우두커니 쳐다본다』
ja216805@hanmail.net

발자국

 광안리 백사장은 발자국을 먹고 산다. 먹이의 크기는 굳이 가리지 않는 모양이다. 환하게 웃던 얼굴이 추운 겨울로 들면서 자주 허기진 표정으로 껄떡거린다. 발자국이 발자국을 먹고, 또 다른 발자국을 토해낸다. 모래흙 속에 뚜렷하게 각인된 큰 발자국이 보인다. 왜 그런지 그 발자국에 계속 눈길이 간다. 누군가가 다가오더니 발자국에 발자국을 포갠다. 하나가 된 발자국이 긴 그림자를 끌며 사라진다.
 백사장은 인간 군상들이 남기고 간 무수한 발자국들로 모자이크 된 커다란 캔버스라는 생각이 든다. 누군가에 의해서 곧 지워질 터이지만 나의 흔적도 한 점 남기고 싶다. 물가로 다가서서 흔적을 만든다. 너무 가까웠던지 잔잔한 파도에 바로 지워져 버렸다. 계속 흔적을 만들고 지워지기를 반복하면서 차츰 즐거워졌다. 가만히 보니 흔적을 만들면서 즐거운 것이 아니라 흔적을 지우고 있는 파도와 노는 것이 즐거운 일이란 걸 알아차린다.
 처음 그의 그림을 대했을 때 참 엉뚱하다는 생각뿐이었다. 동안거에 들어 하얀 벽을 마주하며 큰스님께서 주신 화두를 안고 있는 느낌을 받았다. 거의 백호 남짓 될 성싶은 대작들이었다. 하얀 화폭에 연회색 고운 물감으로 큰 획이 하나 쭉~, 또는 뭉툭하게 짧은 하나가 누워있다. 뭔가 느낌이 와야 하는데 아무 생각도 떠오르지 않는다. 멀찍이에서 계속 눈길을 보내던 큐레이터가 다가와 이것저것 말문을 틔우려고 애를 썼다.

그림에 대해 아는 게 상식 정도의 수준도 못 된다는 걸 알아차릴까 봐 몸을 납작 낮춘다. 더 내려갈 곳을 찾지 못하게 되면 반사적으로 튀어오를 일이다. 자연스럽게 이야기가 오가며 서서히 다가가기까지는 시간의 투자가 많아야 할 거라고 중얼거린다.

여백을 남기는 것은 나름 생각해보라는 것이다. 그렇지만 나로서는 참 애매할 때가 많다. 소품이든 대작이든 꽉 채워진 화폭이라면 덧붙여서 이런저런 사유가 더 쉬울 것 같다. 비켜서 덩그러니 서 있는 획 하나, 구석에 누워있는 획 하나에 시선을 주다 보니 어느 한쪽에 치우치지 않고 중심을 잡는 일이 우선일 거라는 해석을 해보았다.

긴 시간이 흐른 뒤, 그의 그림은 세계의 유수한 아트 페어에서 계속 매진이었다. 파리의 초대 전시에서 격찬을 받았다는 소식에 씁쓸한 마음을 감추지 못했다. 고향 사람이 세계 무대에서 커다란 발자국을 남기는데 무슨 용심을 부리는 것이냐며 꾸짖을 일이 아니다. 이런저런 계산을 하며 과감한 투자를 못해 대어를 놓쳤다는 것이 조금 안타까워서이다.

아이는 모래톱으로 내달린다. 바닷가로 들어설 때부터 알아듣기 어려운 괴성을 지르며 손뼉을 마구 쳤다. 기쁨을 표현하는 본능적이고 순수한 그 모습을 보며 행복이란 단어를 떠올린다.

'바다야, 모래 밥 먹어라. 바다야, 모래 밥 먹어라.' 아이가 고사리 같은 손으로 모래를 퍼 바다로 던진다. 조막만 한 아이의 손가락 틈 사이로 모래알은 주르르 흘러 버린다. 바다가 입을 더 크게 벌려 준다. 잔물결이 넙죽넙죽 모래 밥을 받아먹는다. 잔파도는 모래를 먹고 더 많은 모래를 잉태한다.

개발이란 이름 아래 사람들이 물 위에 줄을 쳐 놓고 흙을 쏟아부어 물길을 막고 꺾으며 모래의 해산을 방해했다. 해산에 임박했던 파도는 바다 속 어디쯤에서 천천히 몸을 풀고 있을 것이다.

물길을 막아 만든 매립지는 어느새 고층 빌딩의 숲이 되었다. 애초의 약속과는 다르게 밤에 네온 빛이 휘황하다. 포식과 유흥의 밤 길에서 자동차 바퀴를 비켜 가는 비틀거리는 발자국이 어지럽다.

아이들은 저희들끼리 잘 논다. 성을 쌓고 수로를 내고 집을 짓는다. 올 때는 제각기 왔지만 모래를 만지며 놀다가 스스럼없이 무리가 되어 어울린다. 어울리면서 성을 쌓는 역사부터 시작하는 모습을 보니 고개가 갸웃거려진다. 수많은 발자국을 보면서 아이들은 자신들의 성부터 쌓아야 한다는 걸 자연스레 느끼는 모양이다.

뒤에서 지켜보며 칭찬과 격려를 아끼지 않던 엄마 아빠들이 제 아이의 손을 잡고 해변을 떠난다. 백사장의 모자이크는 덧칠된 발자국으로 매일 다른 모습의 얼굴을 내민다.

꿈속의 캄차카

 신문 하단. 눈길이 머문다. 깨알 같은 글자 속에서 동공이 크게 확대된다. 캄차카. 캄차카가 그곳에 있었다.

 산 정상에는 눈이 하얗게 덮이고, 우리는 그 산을 정점으로 여러 폭의 치마처럼 펼쳐진 구릉을 몇 개나 지나고 있었다. 구릉에는 한대寒帶의 자연을 이겨내기 위한 키 작은 식물들이 포복하듯 대지에 바짝 엎드려 있었다. 진달래과인 듯싶은 잎들의 나무가 간간이 보일 뿐. 풀밭은 온통 미쏘니 패턴의 파스텔 그림이다.
 눈앞에 펼쳐진 광활한 자연의 채색이 일견 쌀쌀맞으면서도 농염한 매력을 풍기는 것이 더 애틋하게 마음을 자극한다. 봄이 청춘이라면 이제 황혼의 초입에 발을 디딘 탓인가. 신비롭게 물든 황혼의 풀잎이 아주 곱다. 드문드문 눈이 녹아내린 넓은 물웅덩이는 맑디맑은 청정 하늘을 통과한 햇빛과 어우러져 빛난다.
 가파른 산 경사면에는 지난해의 눈이 녹지 않고 쌓여 있다. 차를 세워 용암이 흘러내린 곳을 가로질러 눈밭으로 향한다. 용암 아래로 흐르는 물소리가 청량하다. 남자들이 급경사인 눈 언덕을 뛰어

올라 그대로 급하게 내려오다 가속이 붙어 나동그라진다. 썰매 타듯 쪼그려 앉아 내려오니 엉덩이가 다 젖어 버렸다. 모두 추위에 얼굴이 굳어있지만 크게 웃는다. 반백 년의 묵은 때를 일시에 벗겨내듯 깊고 크게 웃는다.

언제였을까. 이처럼 신나게 동심으로 돌아가 창공을 향해 소리쳐 웃어본 적이. 비교할 수 없이 깨끗한 자연 속에 가슴속 침전된 찌꺼기를 토해 내다 보면 갑자기 몸의 중심이 잡히지 않아 둥둥 떠오를 것 같다. 산 중턱에는 지층에서 올라오는 증기로 전기를 일으키는 증기 발전소가 있었다. 하얀 연기가 뭉게구름처럼 하늘 높이 올라간다. 발전소를 가로질러 산 계곡으로 향하는데 허름한 옷차림의 러시아 노동자들이 발전소 주위를 무리 지어 다닌다. 그들은 모두 무릎까지 올라오는 장화를 신고 손에는 반합을 들었다. 막사로 사용됨 직한 몇 채의 철제 방갈로는 음울한 잿빛이다. 창문이 아주 조그맣게 나 있다.

10월부터 이듬해 4월까지 겨울이 계속되는 동토의 땅. 이 넓은 땅속에 온갖 자원이 무진장하리라 생각하니 부럽다. 지금은 일차 산업에 매달려 있지만, 머지않아 수산업, 임업, 석유 가스를 채굴하여 무기화한다면 우리는 그들에게 자원 공급을 애걸해야 하지 않을까 걱정된다.

계곡 입구에서부터 유황 냄새가 진동한다. 자연 그대로의, 인간의 흔적이 전혀 없는 상태다. 계곡 여기저기서 연기와 함께 퐁퐁 솟구쳐 오르는 온천수. 그 흔한 비닐 조각, 쓰레기는 어디에도 없다. 부산 근교에 이런 자연의 산물이 있다면 얼마나 좋을까. 아무 시설이 없는 상태인 것도 모르고 온천을 할 수 있다는 말에 수영복까지 챙겨 왔건만 손발만 넣어보고 발길을 돌렸다. 진한 온천수를 그냥 흘러 보내버리는 것이 아까워 말문이 막힌다.

캄차카의 지인은 유황 계곡에 우리를 내려 준 채 점심 준비를 위해 먼저 내려갔다. 그들은 은사시나무가 노란 잎새를 연신 떨구고 있는 냇가에 자리를 잡고 있었다. 앞면은 트였으나 삼면이 나무로 둘러싸여 바람을 막아 준다. 냇물이 소리치며 흐르는 주변을 돌아다니며 삭정이를 주워 왔다. 연어 국을 끓이고, 바비큐를 준비하느라 모두가 부산하다. 양파를 다듬고 오이를 손질한다. 고기와 갖은 야채가 듬뿍 어우러져 설설 끓는 국솥. 그 솥을 중심으로 빙 둘러서서 후덕한 체구의 러시아 여인이 떠주는 뜨거운 국물을 마시기에 여념이 없다.

언어는 통하지 않아도 대화는 가능하다. 오래전 수출입 관계로 교류하면서 민간 외교를 착실하게 하고 있던 지인에게서 캄차카 행을 권유받고 잠시 망설였지만 네 팀의 부부가 함께 이곳에 오게 되었다.

주도州都인 페트로파블로프스크-캄차스키의 근교 산속에 위치한 고려인 경영의 펜션에 자리를 잡았다. 주州의 인구가 약 35만 명. 면적은 우리나라의 약 1.5배란다. 주도를 벗어나면 어디를 가도 인가는 드물다. 백양나무, 은사시나무 숲에 부끄러운 듯 숨은 낡고 초라한 벽돌집, 판잣집이 몇 채씩 있을 뿐이다. 펜션의 수도는 계속 녹물만 쏟아내고 있었고, 전등은 때때로 깜박거리다 정전이 되기 일쑤였다. 이동 차량은 일본 아니면 한국 브랜드로, 그것도 부산 지방에 적을 두고 있었던 중고 차량뿐이다. 범퍼만 그들의 것이었다. 과학 기술의 첨단국이었던 그들이 체제 탓이었을까. 모든 것이 모자라고 부족하다. 일상의 생활용품은 우리가 과거 지나왔던 1960년대와 비슷하다는 느낌이 들었다. 노점이 아닌 반듯한 상점에 들어가 쇼핑할 때, 군복을 입은 군인들이 총검을 받들어 주변을 감시하는 시선을 느껴야 했지만 사람 사는 곳은 어디나 똑같다는 생각이 들었다.

이반코프의 시골 별장 사우나는 잊지 못할 추억이다. 그의 손녀는 우리에게 학교에서 배웠던 춤과 노래를 펼쳐 주었고, 그의 부인은 온실에서 가꾼 딸기와 오이를 직접 따먹도록 배려해 주었다. 손님에 대한 지극한 정성에 흠감했다. 내가 접한 캄차카의 사람들은 그들 나름의 생활에 만족하며 행복지수가 높았다.

때때로 꿈꾼다. 어쩌면 다시 가 볼 수 없는 곳이기에 더욱 그리워지는 곳. 캄차카….

그리운 건 언제나 멀리 있다.

◇ 가자, 집에 가자
◇ 202호실
◇ 충동

변종옥

2005년 《수필과비평》 신인상 수상
수필집 『그리움은 강물처럼』
소설집 『어머니는 바람이 되었다』 외
bird6656@hanmail.net

가자, 집에 가자

　언니는 엄마가 기다리고 기다리다 십 년 만에 낳은 딸이었다. 엄마는 언니를 금지옥엽으로 떠받들며 애지중지하였다. 걸맞게 언니는 예쁘고 착하고 솜씨도 좋았다. 그런 언니는 인근에서 소문난 부잣집으로 시집을 갔다. 농사짓는 부잣집이다 보니 신역이 고됐다고 했다. 엄마는 안쓰러운 마음에 지나치게 큰언니를 감싸고돌았다.
　언니가 있는 입원실 문을 열었다. 퀴퀴한 냄새가 연기처럼 서려 있다. 여덟 개의 침대가 있었다. 침대 위에 노파들이 누런 꽃무늬 옷을 입고 앉거나 누워 있었다. 똑같은 옷 때문에 누가 누군지 구분할 수가 없었다.
　맨 안쪽 침대에 앉아 있던 언니가 나를 알아보고 '여기야 여기.' 손을 흔들었다. 언니에게 가려고 발을 움직이는데, 한 침대에 서리 맞은 풀잎처럼 누운 노파의 '풀어 줘. 풀어 줘.' 웅얼거리는 소리가 들렸다. 노파는 붕대 같은 끈으로 허리께가 침대에 묶여있었다. 그의 침상을 지나 다음 침대 노파와도 눈이 마주쳤다. 무슨 말을 하는 걸 외면하고 나는 언니에게로 갔다.
　언니가 침대에서 손을 내밀며 말했다. '어서 집에 가자, 우리 집

변종옥 · 93

에 가자.' 허리가 구부러진 언니는 내 손을 끌며 재촉했다. 나는 언니를 억지로 침대에 앉혔다. 자꾸 일어서려는 언니를 힘으로 눌러 앉혔다. '얘야. 이 방에 있는 저 할망구들 모두 기저귀 차고 있단다. 나 빼놓고는 다 그래. 이런 곳에 내가 있을 수는 없지 않니. 나 집에 데려다줘.' 언니는 불안한 눈으로 이쪽저쪽 침대 위의 노파들을 살피며 말했다. 언니는 누른 목소리로 귓속말을 했지만 귓속말이라기엔 터무니없이 컸다. '얘야, 핸드폰 하나만 사다고.' 언니는 입술을 앙다물고 고개를 흔들었다. 언니가 나에게 무엇을 사 달라고 말한 건 처음이었다. 자식들이 쓸데없이 여기저기 연락한다고, 있던 전화기를 없앤 모양이었다. 장년인 자식들이 돈이 없어 못 사 주는 것이 아닌 이상 이모가 사준다면 분란이 생길 것이 뻔했다.

언니의 시집살이는 첫딸을 낳고 심했다고 한다. 친정 엄마 닮아서 딸만 낳을 것 같다는 이유로. 딸 둘 뒤에 아들을 낳고서야 구박이 잦아들었다. 언니는 부잣집 안방마님으로 경우 바르고 후덕한 심성을 가졌다는 칭송을 받았다. 형부의 지극한 떠받듦에 익숙한 언니는 형부가 고인이 된 후에도 자식들이 자신을 떠받드는 것을 당연히 여겼다. 서슬 푸른 기상으로 군림하던 언니의 모습이 선하게 떠오른다.

마침 병실로 들어온 뚱뚱한 아줌마 직원은 침대마다 약을 나누어 주었다. '그쪽에 물 좀 다오. 약 먹고 빨리 나아야 빨리 집에 가지.' 물을 받아든 언니는 서둘러 약을 먹었다. 언니는 아픈 데가 없다고 했는데…. 입실해 있는 노파들이 전부 똑같은 약을 먹고 있었다.

고집 센 노인들을 쉽게 통제하기 위해 안정제를 먹인다는 소문이 떠올랐다. '언니, 졸린다고 잠만 자면 안 돼. 오래도록 안 걸으면 다리 근육이 풀려서 못 걷게 된다는 말이 있어. 귀찮아도 변소 출입은 스스로 해야 해.' 옆 침대 노파들의 흐리멍덩하던 눈빛에 번득임이 느껴졌다. '알았어. 나 잘 걸을 수 있어. 걷는 것 볼래?' 언니는 침대에서 내려와 병실을 걷기 시작했다.

우리 이야기에 귀를 곤두세우고 있던 옆 침대의 노파도 일어나 바닥으로 내려섰다. 어지러운지 침대 모서리를 잡고 한참 엎드렸다간 이내 언니 뒤를 비틀거리며 따라 걸었다. 그러다 그 노파는 허공으로 손을 휘젓더니 바닥으로 풀썩 고꾸라졌다. 반사적으로 나는 그 노파에게 다가갔다. 잽싸게 달려온 간병인은 노파를 부축하려는 나를 떠밀었다. 간병인은 쓰러진 노파 겨드랑이에 손을 넣어 들다시피 끌고 나갔다. 해꺼운 쭉정이 같은 그 노파는 두 눈을 꾹 감고 있었다.

집으로 돌아오는 길, 먼지 같은 눈발이 흩날렸다. 요양원에 고인 공기가 나를 따라왔는지 흐무러질 지경으로 온몸이 나른해 왔다. 소파에 머리를 기대고 눈을 감았다. 넘어져 눈을 감아버린 노파의 얼굴에 드리워진 절망을 나는 보았다. 어찌 그 지경을 상상할 수 있었으랴. '우리 집에 가자.'던 언니의 목소리가 끊임없이 내 귓가를 맴돌았다.

언니가 말하고 있는 집은 어딜까? 언니가 요양원으로 들어갈 때,

언니의 동의 하에 처분해 버린 이층집을 말하는 걸까. 결혼할 때 며느리를 위해 지었다던 빨간 양철지붕 집을 말하는 걸까. 집을 여러 번 옮겼으니 어느 집을 우리 집이라고 생각하는지 모르겠다. 그리움은 추억으로부터 온다. 언니는 추억 속을 배회하고 있으리라. 낯이 익으면서도 낯선 감정이 북받쳐 오른다.

 어스름이 주춤거리는 해 질 녘이다. 낮에서 밤으로 건너가는 이 시각엔 어디론가 가고 싶은 울렁거림이 출렁인다. 긴 그림자를 끌고 생각에 잠겨있게 하는 이 시간, 정체 모를 그리움으로 가슴이 사무친다.

202호실

202호실
동굴처럼 어둠침침했다
훅 치미는 불쾌한 냄새
여덟 개 침대 위 노파들 누런 꽃무늬 옷 입고
사그라진 풀잎처럼 누워있다
침대에 몸뚱이 허리께 붕대로 묶여있다
풀어 줘 풀어 줘
겨울 풀벌레 소리 들렸다

여기 할망구들 모두 기저귀 차고 있단다
나 빼놓고는 다 그래
이런 곳에 내가 있을 수는 없지
제발 집에 가게 해줘
나 걷는 것 볼래
새치름하게 말하던 노파

바닥으로 내려서
해꺼운 손 휘젓더니
바닥으로 풀썩 고꾸라졌다
한겨울 풀벌레 소리 들렸다
가자 우리 집에 가자

충동

높은 곳에서 떨어지고 싶다
떨어지며 햇살을 박살내고 싶다

브레이크 없는 열차를 타고
무한궤도 질주하고 싶다

푸른 사과 떨어진다
지붕 뚫렸다

너무 일찍 흔들어 놓은 것이다

◇ 목숨
◇ 서울 남자는 어디에 있을까요

송 숙

2009년 《수필과비평》 등단
수필집 『서울 남자』
shs7274@hanmail.net

목숨

　여름이라 날파리가 가끔 보인다. 벌레 퇴치 트랩이라는 걸 샀다. 군데군데 두고 날파리의 목숨을 노리고 지켜본다. 며칠이 지나니 노란색 트랩에 몇 마리가 붙어 꼼짝을 못한 채 죽어 있다. 반가우면서도 이것도 생명인데 하는 생각이 들어 겸연쩍다.
　신라 호족의 무덤에 묻혀 있는 하인의 순장이 생각났다. 주인이 죽으면 함께 순장되어야 했던 제도에 희생되었던 목숨. 목숨도 때를 잘못 만나면 비극이 된다.
　몇 년 전 목숨 걸고 병원에 누워 있었다. 어디가 아픈 것도 아니고 내 몸의 한 부분을 내 마음에 들게 수정하고 싶은 욕심 때문에 목숨을 걸었다. 전신 마취를 해야 하니 제법 큰 수술이다. 푹 자고 일어나면 미루어 두었던 숙제가 끝나 있을 거라 위안하며 묵주 기도를 시작했는데 눈 떠보니 세 시간이 지나간 후였다. 탐탁스럽게 바뀐 모습이 미소를 짓게 했다. 목숨 걸 만도 하다며 목숨을 무서워하지 않는 나는, 참으로 간이 크다.
　영화 '미 비포 유'를 본 이후 한동안 목숨에 대해 생각했다. 스위스에 존엄사를 신청한 남자. 사고로 불구가 된 주인공이 스위스로

가기 6개월 전 한 여자를 사랑하게 되지만 끝내 존엄사를 포기하지 않고 목숨을 버린다. 부모와 연인과 작별을 고하면서 떠난다. 영화가 끝난 후 난 멍하게 앉아 있었다. 슬프다는 마음보다는 영화 스토리가 남긴 메시지 때문에 짠했다. 아깝지 않는 목숨이 어디 있으랴. 사람답게 살지 못하는 인생과 바꾼 목숨은 과연 옳은 것인지 내내 마음이 저려왔다.

의지와는 무관하게 사람의 목숨을 빼앗아 가기도 하고 이어 붙이기도 한다. 목숨 걸고 맹세를 할 때도 있고, 목숨을 내놓아야 하는 현실에 맞닥뜨릴 때도 있다.

2024년 12월 3일 비상계엄의 밤. 여태 누렸던 민주주의가 얼마나 고마운 일이었는지 깨달았다. 자유를 당연히 여겨온 나는 겁이 났다. 내 인생에 오지 말았어야 할 역사적 사건이었다. 노벨 문학상 수상자가 탄생한 나라, K팝 스타를 통해 세계 음악 산업에 영향을 주는 대한민국에서 지극히 평범한 시민으로 살아온 시민에게 그 충격은 너무나 크고 씁쓰래했다. 다시 평범한 일상으로 돌아와 무척 다행이다.

정치도 사회도 인간관계도 서로에게 기생충이 되어서는 안 된다. 남을 충전의 도구로 삼는 삶, 누군가를 순장하는 삶이 아니라 스스로 당당한 삶이 당연한 삶이 되길 바란다. 그래서 목숨 걸지 않고 견뎌지는 삶이길 소망한다.

우리는 세상을 바꿀 수는 없어도 세상을 만들 수 있다. 난 여기에 목숨 걸고 살련다. 개인의 이기심이 아닌 사회의 도덕성을 지키는,

세상 모든 이가 존재 자체로 빛나고 존중 받는 세상이 되는 데에 나는 목숨 걸고 살아볼까 한다.

　지금도 웃고 있는데 울고 있는 당신을 위해, 목숨 걸고 토닥토닥.

서울 남자는 어디에 있을까요

    내가 수필집 『서울 남자』를 세상에 내놓을 때만 해도 그는 서울 남자다웠다. 그 후 서울 남자는 어디로 갔을까. 서울 남자답다는 것은 우선 말씨가 예뻐야 한다. 상냥하게 다가와야 한다. '부산 가시나'와 살아서 그도 변한 것일까. 화내지 말았어야 할 일에 버럭 음역대가 높다. 이제는 내가 서울 여자가 되었다. 요리조리 머리를 굴리며 눈치를 보기도 하고 침묵으로 기 싸움도 한다.

    서울 냄새가 물씬거리는 서울 여자를 생각하고 있는 것일까. 간이 작았던 그때의 서울 남자는 어디에 있는 것일까. 나는 서울 남자를 편애하고 싶은 마음은 없다. 주위에 무뚝뚝한 부산 남자랑 살아도 껌딱지처럼 붙어서 행복하게 사는 지인도 더러 있으니까.

    너무 오래 서울 남자가 나를 받치고 살았다. 나의 허물과 이기심을. 그래서 그가 팔을 내려놓고 싶었는지도 모른다. 우린 서로 다름이 너무 많다. 정치적 이념, 문화 콘텐츠, 냉난방 끄고 켜는 사사로운 선택까지도 다르다. 하지만 서로가 싸움을 걸지는 않는다. 달라도 잘 살고 있다. 이제는 군말하지 않는다. 군말하지 않는 것이 서로를 받치고 있는 것이다.

부산 가시나는 억울하다. 언제나 괄호 속에 나를 넣고 만다. 사소한 것들에 내 의지를 감춘, 균형 맞지 않는 삶에 화가 난다. 인생은 탐구하면서 사는 게 아니라 살아가면서 탐구하는 것이라던 어느 작가의 말이 생각난다. 서울 남자였던, 이제는 부산 남자가 돼버린 그를 이해하기 위해 내가 목소리를 낮춘다. 탐구하며 살기에는 나도 젊은 나이가 아니다. 내가 나긋나긋한 서울 여자가 될 수 없는데 서울 남자는 계속 서울 남자이길 바랐던 나의 불찰이다.

수십 년 지나고 보니 젊은 시절보다 욕심을 내어서는 안 된다는 시간의 상실감을 알게 된다. 노년에 접어든 우리는 사랑 미움 무관심 이런 언어들보다 용서 배려 치유 애틋함 이런 게 더 낫지 싶다. 서로의 마음을 품을 수 있는 게 노년의 사랑이 아닐까.

이제 서울 남자는 아니지만 나는 그에게 의지하며, 그 또한 나에게 어우러져 서로 한 밥상에서 수저 들고 있으니 이만하면 됐다.

그이가 소주 두 박스와 맥주 캔 서른 개를 사 들고 들어왔다. 민생회복 소비쿠폰으로 나에게 인심을 쓴 것이다. 남은 돈으로 횟감을 시키자 남편의 손 전화기에서 잔고 0원을 알리는 문자 메시지가 도착한다. 둘이 앉아 술을 마신다.

몇 달 동안 술 걱정 없겠다 하자 서울 남자가 답한다. "친구 불러서 실컷 먹어."

서울 남자, 아직 여기에 있다. 우리의 궁합도 여기에 있다.

"자기야, 이제 내가 서울 여자 할게."

◇ 보리똥 따다
◇ 들국화의 꽃숲

송차식

2012년 《수필과비평》 수필 등단
2016년 계간 《문학시대》 시 등단
부산문학상 우수상, 『문심文心』 문학상 본상 수상 외
2025년 부울신문 신춘문예 시 부문 당선
수필집 『수측다욕壽則多辱』 외 3권
시집 『차茶 향기 속으로』 외 1권
수필선집 『대숲을 찾는다』
부산문학인협회 직전회장, 부산문인협회 이사 외
songmom2197@hanmail.net

보리똥 따다

 싱그러운 6월 초여름이다. 어지간한 열매들은 붉게 숙성한다. 숲속 일렬로 줄 선 통나무집. 호호마다 보리똥 한 그루씩은 심겨 있다. 재래종이 아닌 개량종을 심어서 다양한 열매를 맺게 한다.
 보리똥은 지역에 따라서 보리수라고도 한다. 봄이 되면 보리수나무에 꽃이 조롱박 모양으로 핀다. 6월 15일이 지나면 열매 송이마다 붉은 물이 들기 시작한다. 해마다 그걸 따 와서 보리똥 진액을 담기도 했다. 그런데 작년에는 손주 재롱을 보다 그만 시기를 놓쳤다. 얼마 후 들러 보니 새들의 먹잇감이 되었는지 열매는 온데간데없었다. 무성하게 잎들만 남았다.
 보리수 열매는 인류 최초의 농작물 중 하나로, 약 1만 년 전에 중동에서 재배하기 시작했다고 한다. 이후 아시아, 유럽, 아프리카 등지로 퍼지면서 다양한 재래종 품목이 개발된다. 맥주와 빵의 원료로도 사용되었으며 이집트나 그리스, 로마 등에서 중요한 식량이었다고 한다. 우리나라에서도 삼국시대부터 보리수 열매를 재배하여 조선시대 와서는 밀과 함께 곡식으로 자리 잡았으며, 지금도 보리수 열매는 누구나 즐겨 먹는 열매로 남아 있다.

　어릴 때 소 먹이러 가는 산모퉁이에는 보리밥이 지천이었다. 먹을 것이 변변치 못할 시기였다. 재래종으로 낟알이 작고 쓴맛이 나서 얼굴을 찡그리면서도 한 움큼씩 입안에 넣곤 했다. 보리밥나무가 부종에 좋다 하여 베어다 단술을 해먹는 어른들도 있었다.

　많은 동식물이 멸종 위기에 처한 요즘, 보리수나무 또한 보기가 어렵다. 개량종 열매는 알이 굵고 색상이 좋으며 맛 또한 아주 달콤하다. 보리똥은 따서 먹기보다 그냥 두고 그림 작품처럼 감상하고 싶다. 조롱조롱 매달린 열매가 얼마나 탐스러운지 모른다. 시기를 조금 지나 수확하니 담아온 그릇으로 선홍색 과즙이 흘러나왔는데 먹기 아까울 정도로 고운 색이었다.

보리똥의 효능을 검색해본다. 기관지에 그만이라는 내용이 눈길을 붙잡는다. 작은아들이 가끔 헛기침을 해서 신경 쓰던 참이다. 타닌 성분이 기관지 염증과 기침, 천식에 효력이 있어 민간요법으로 흔히 애용된다고 한다. 나도 진액을 내보기 위해 보리똥 한 국자에 꿀 한 국자씩 넣어 재어 놓는다. 깊고 선연한 색감에 보기만 해도 마음이 풍성해진다.

보리똥 열매가 앵두 같기도 하고 체리와도 비슷하지만, 맛은 살짝 떫은 감도 있다. 그래서인지 차, 쨈, 청, 진액 등 다양하게 활용한다는 것을 알았다. 『동의보감』에 의하면 기력을 회복하게 하고 심신을 안정시키는 효능이 있다고 한다. 최근에는 항산화 기능과 면역력 강화, 소화력 개선 기능까지 알려져 찾는 이가 많다. 비타민 C, E가 많아 염증을 줄이며, 당뇨병 환자의 혈당을 낮춰주기도 한다. 따라서 저혈당 환자에게는 섭취에 주의를 요한다고.

뿐만 아니라 정신적인 피로까지 낮춰준다니 현대인의 스트레스 해소에도 그만이다. 해마다 보리수 열매를 수확해 다양한 방법으로 섭취해 보고 싶다. 쨈, 차, 효소는 손쉽게 만들 수 있다. 바나나, 블루베리와 함께 요구르트에 넣어 스무디로도 건강한 간식을 만들 수 있겠다.

보리수 열매는 수분이 많아 익으면 쉽게 물러지는 단점이 있다. 빠르게 씻어 냉동 보관하거나 꿀이나 설탕에 재워 효소를 만들면 오래 보관하는 최상의 방법이다. 뭐든 그렇지만 한 번에 너무 많이 먹으면 설사나 복통, 변비 등의 소화 장애가 올 수도 있다. 위장이

약한 사람, 특히 알레르기 체질은 소량부터 먹기를 권장한다. 자그만 열매 속에 이토록 많은 영양소와 효능을 가졌다는 사실에 새삼 놀라지 않을 수 없다.

이름도 요상한 보리똥을 두고 자료도 검색하고 직접 요리도 해본다. 열매를 따다 보니 너무나 붉은 선홍색에 정감이 갔다. 내년에는 재래종 나무 몇 그루를 사서 심어야겠다 결심한다. 앵두나무도 곁들여 농장 모퉁이에 함께 심을 것이다. 몇 년 전에 고욤 씨앗을 심어 열매를 보아야지 했는데, 그중 대여섯 포기가 나무로 잘 자라 올해는 고욤 열매를 잔뜩 수확할 예정이다.

식물은 심고 가꾸는 즐거움도 크지만, 탐스러운 열매를 수확할 때 그 기쁨은 두 배가 된다. 노력의 결실이 나무와 사람에게 근사한 선물로 안겨져 온다.

들국화의 꽃숲

구절초, 쑥부쟁이 닮은 꽃들
다소곳한 겸손으로 오손도손
함께 어우러진 작은 세상

들국화의 아름다운 신비
연보라 은은한 순백의 하얀빛
여울져 향기 포근하다

눈을 감으며
꽃 숲 가슴에 스며들고
물든 꽃잎 사이
꿀벌들 나들이하고
고요한 축제가 열린다

그저 마음이 차오르는 꽃들

따스한 포근함으로 인정 느낀다
익어가는 국화는
지금 가을 들판을 노래한다

◇ 오월을 걷다
◇ 마지막 선물

신서영

2005 《수필과비평》 등단
경북일보문학대전 동상, 《부산수필문예》 올해의 작품상,
부산수필가문학상 본상.
수필집 『전생에 나는 수라간 상궁이었을라』, 『아직은 꽃』
부산문인협회, 부산수필문인협회,
드레문학회, 부산수필과비평작가회의 회원
ssj1933@hanmail.net

오월을 걷다

　이럴 수가! 신라의 마지막 경순왕이 백척간두에 잠들어 있다. 경주가 아닌 이곳에 왕릉이 자리하고 있다는 사실이 생경하다. 경주에서 보던 왕릉과는 사뭇 다르다. 주변은 관광지로 잘 조성되어 있으나 능은 여느 문중의 묘지처럼 소박하다.
　봉분 앞에는 자그마한 장명등이 있어 돌아가신 이의 명복을 빌고, 돌로 빚은 순한 양이 좌우에 버티고 서 있으니 잡귀가 얼씬 못하겠다. 가장자리에는 영가가 유택을 쉽게 찾아오라고 키 큰 망주석도 하나씩 세워 놓았다. 봉분을 둘러싼 곡장曲墻은 돌담에 기와를 올려 그나마 조선 시대 분위기를 담았다. 왕릉의 예는 그런대로 갖추어진 것 같지만 비운의 왕인지라 왠지 서글프고 적막하다.
　봉분 머리맡에는 손만 뻗어도 잡힐 것 같은 높은 철책선이 병풍처럼 쳐져 있다. 그 너머가 군사 분계선이다. '지뢰 주의'라는 빨간 표지까지 곳곳에 있어 오싹한 긴장감마저 든다. 삼월인데도 아직 잔설이 남아있고 날아다니는 새 한 마리 보이지 않는다. 평일이어서인지 관광객도 뜸하고 날씨마저 차가워 더욱 을씨년스럽다. 돌을 볕에 잠들어 있지만 군주의 고뇌가 얼마나 깊고 허망했을까.

사후에는 누구나 고향에 묻히고 싶은 게 인지상정이다. 하지만 고려는 개경에서 시신을 100리 밖으로 내가지 못하게 했다. 한겨울에 임진강을 건너 경주까지 운구 행렬하기도 쉬운 일이 아니겠지만, 그보다 나라를 빼앗긴 신라 백성들의 소요와 폭동이 더 우려되었다고 전해져 온다. 어쩌면 그게 나라 잃은 왕의 운명인지도 모르겠다.

오월이다. 햇살과 바람이 순하여 걷기에 딱 좋은 날씨다. 그냥 훌쩍 떠난 곳이 경주였다. 아마도 경순왕릉이 내내 눈에 밟혔기 때문이라고나 할까? 신라 천년의 사유를 품은 대릉원 일대는 언제라도 아름답다. 어찌 보면 이곳은 왕과 왕족들의 공동묘지라 하겠다. 묘지도 세월이 곰삭으면 동산이 되고 오름이 되는 모양이다. 능이 능을 업고 그려 내는 곡선, 그러그러한 순간에 만나는 먹먹함, 그 너머로 석양이 물드는 풍경은 장엄하다. 고분과 고분 사이를 흐르는 골바람이 이렇게 시원할 줄이야. 아름드리 노송이 숲을 이루고, 뻐꾸기 소리는 낭랑하고. 두견새 울음은 구슬프다. 자연의 소리는 그 어울림이 여리고 순하다. 잡념은 사라지고 머리가 맑아져 한참을 걸어도 피곤한 줄을 모르겠다.

길섶에는 온갖 꽃들이 피고 진다. 가는 바람에도 하늘거리는 꽃숭어리, 까맣게 잊고 지내던 기억들이 느닷없이 펼쳐진다. 어디서 풋풋한 풀 비린내가 진동한다. 미추왕릉에 막 잔디를 깎은 모양이다. 이발소를 다녀온 까까머리 소년처럼 능은 말끔하고 참하다. 칼날에 무참하게 잘려나가는 것들은 이렇게 그 아픔을 진한 여운으로 남기는가. 얇디얇은 풀잎은 이내 물기를 거두고 바람에 흩날린다. 얼마 지나면 상처는 아물고 그 자리에 다보록하게 새잎이 자랄 것이다. 풀 한 포기든 인간이든 한 생을 사는 것들은 아프면서 성숙해지는 게 아닐까. 군더더기 없는 간결한 문장 같은 사잇길을 걷는다.

 대릉원은 노천 박물관이다. 그중에 백미는 천마총이다. 망자의 시신이 누워 있던 무덤 속이 아닌가. 어둑한 내부로 들어서자 훅하고 무거운 기운이 온몸을 휘감는다. 섬뜩함에 긴장된다. 밑 부분만 남아있는 목관에 시선이 머문다. 부부가 잠들어 있던 곳이라고 한다. 시신은 형체도 없이 사그라졌지만, 황금 장신구는 망자가 지니고 있던 그대로 가지런히 전시되어 있다. 살아생전에도 저렇게 화려한 삶을 누렸는지 대충 짐작만 할 뿐이다.

 죽음은 삶이 끝나는 것이 아니라 또 다른 세상에서 새로운 시작이라 생각했을 것이리라. 이렇게 혼신을 다한 부장품들을 보면서 절대 군주를 위한 백성들의 충정을 헤아릴 만하다. 영원불멸이라는 사후 세계! 누구도 가본 적 없으니 알 수가 없는 곳이다. 하지만 엄청난 크기의 봉분과 여러 부장품을 보며 영혼은 살아있을 거라는 생각도 든다.

 아버님이 돌아가실 때도 그랬다. 입관할 때 불교 서적 한 권과 작은 수석 하나를 관에 넣어드렸다. 책은 항상 곁에 두고 자주 읽던 것이라 당신 손때가 묻은 것이다. 아버님 생전에 많은 수석을 탐석하고 소장하셨지만, 홍매 한 가지를 툭 걸쳐놓은 듯한 그 매화

석을 유독 좋아하셨다. 친구 분이 일본 여행에서 선물로 가져온 것이라며 아이처럼 기뻐하셨던 작품이다. 혼백으로 머나먼 길 가시는 때에 그것들이 길동무 되어주길 바랐다.

그러나 이곳 주인 잃은 유물들을 보자니 "내가 태어날 때부터 갖고 온 것이 아니라면 내 것이 아니다. 어떤 인연으로 해서 내게 왔더라도 인연이 다하면 가버린다. 나의 실체도 없는데 내 소유가 있겠느냐."던 법정스님의 생전 말씀이 죽비처럼 뇌리에 와 닿는다.

천마총을 나오며 얼마 전에 개관한 〈오아르〉에 들렸다. '고분을 품은 미술관'이라고 세간의 이목을 끌었던 곳이다. 발상이 참신한데다, 그 서사적인 문구에 한시라도 빨리 보고 싶었다. 더군다나 건축가 유현준이 경주 천년을 담아서 설계했다는 것에 더더욱 궁금증이 일었다. 입구를 들어서자 감탄사가 연발로 터진다. 기둥이 없는 통유리 창에 세 개의 능이 그대로 드러난다. 잡목 한 포기 없이 잘 관리된 고분은 말갛고 고요한 푸른 세상으로 파노라마처럼 펼쳐진다.

첫 개관전인 만큼 그림에도 관심이 갔다. 젊은 작가 에가미 에츠의 작품은 그림 자체가 화려했다. 그녀의 회화는 굵고 힘 있는 붓질로 소리 없는 대화를 만들어 낸다는데, 내 감성으로 이해하기가 다소 어려웠다. 천년의 과거와 현재의 추상화가 한 곳에 어우러진 전시회가 아닌가 싶었다. 건물 밖을 나오자 또 한 번 놀랐다. 유리벽이 대형 거울이다. 그곳에 비친 세 개의 고분이 몽환적이다. 그러고 보니 이 풍경 또한 보이는 것 너머의 아름다운 예술 작품을 찾고자 하는 것은 아닐는지. 미로 같은 시간 속에서 마음자리가 능선처럼 유연해진다.

어둠이 내린 대릉원, 오월 밤공기가 알싸하다.

마지막 선물

佛!

 벼락 맞은 대추나무에 음각한 글자다. 일필휘지로 막힘이 없고 용맹한 기상마저 풍긴다. 마지막 획이 역동적이다. 땅속 에너지를 응축했다가 단숨에 펄펄 용솟음치다 흘러내린 마그마 같다. 이 압도적 서체는 그 누구도 따라올 수 없으리라. 더군다나 검붉은 나무에다 글자에는 석록石碌까지 입혀져 있으니 섬뜩한 전율마저 인다. 이런 대단한 작품을 주고 떠난 그가 오늘따라 간절히 그립다.

 몸에 이상을 느끼고 병원에 갔을 때는 이미 말기 암이었다. 평소에 건강하고 패기가 넘쳐 생각지도 못했던 일이라 놀라움이 더 컸다. 매년 건강검진도 받았지만 발병한 곳이 일반 검사로는 찾기 힘든 곳이라고 한다. 이렇게 멀쩡한데 6개월을 넘기기 힘들다고 하니 사형 선고나 다름없었다.

 지난봄에는 황매산 등산도 하고, 남도 맛집 여행도 다녀왔는데 이게 무슨 날벼락인가. 백방으로 첨단 의술을 찾아다녔지만 항암 치료에 몸만 견디지 못했다. 그는 한순간에 깊은 수렁으로 빠져들었다. 암이 이렇게 무서운 줄을 절감한다. 아직 왕성하게 활동할 나이가 아닌가. 이 세상에 머물 시한부의 삶을 어찌해야 하나 그저 애만 태울 뿐, 그를 위해 우리가 해 줄 수 있는 것은 아무것도 없었다.

연말연시라 며칠 집에 머물다가 다시 입원한다는 그를 만났다. 체구는 깡말랐지만, 이미 죽음을 받아들인 듯 담담한 표정이 편안해 보이기도 했다. "저승도 복잡할 건데 미리 가서 좋은 자리 찜해 놓겠다."라며 너스레까지 떨지 않는가. 그 말이 더 마음을 아프게 했다. 차마 서로 얼굴을 마주할 수가 없었다.

우리는 해광사에서 새해 일출을 보았다. 자기 기도까지 부탁한다는 그의 말에 그만 참았던 눈물을 쏟고 말았다. 얼마나 살고 싶었을까? 법당에서 부처님께 절을 올렸다. 간절했다. 다리는 후들거리고 등에서는 연신 땀이 흘러내렸다. 어쩌면 지금 이 순간이 그와 마지막이 될지도 모른다는 생각뿐이었다.

연화리에서 전복죽으로 아침을 먹으면서도 모두 말 한마디 없었다. 유머가 풍부해 한시도 가만히 있지를 못하는 그가 아니던가. 죽도 몇 술 뜨지도 못한다. 이내 기력이 방전되어 집으로 향할 수밖에 없었다. 그날 자기가 가장 아끼는 작품이라며 홍두깨 같은 이 서각을 내 품에 덥석 안겨주었다. 극구 사양했지만, 마지막 선물이라는 말에 서로 부둥켜안고 한참을 울었다. 얼마 후 그는 돌아올 수 없는 길을 떠났다.

그가 세상을 떠난 지 이십 년이 다 되어 간다. 그런데도 작품은 그때 그대로의 모습으로 그를 기억하며 자리를 지키고 있다. 얼핏 봐도 작가의 내공이 깊고, 예술성이 뛰어난 작품이다. 짧은 생을 살다 간 한 인간의 품격과 취향이 고스란히 전해진다. 가슴이 따듯하고 선이 굵은 그의 성품이 이 작품과 많이 닮았다.

佛! 오직 한 글자라 그런지 바라보기만 해도 숙연해지고, 알 수 없는 충만감으로 채워지는 느낌이다. 어찌 보면 쉽게 열리지 않는 무쇠 자물통 같다는 생각이 들기도 한다. 마음을 수백 번은 닦고 비워야만 닫히고 갇힌 행간을 말갛게 풀어낼 수 있을까. 외길로 정진해 온 작가의 예술 세계는 물론 작품을 소장했던 그의 안목도 돋보인다. 이 감동적인 작품은 무형문화재 26호가 된 동장각장銅章刻匠 정민조 작가의 전성기 작품이다.

오늘은 종일 비가 내린다. 날씨 탓인지 마음이 뒤숭숭하고 일이 손에 잡히지 않는다. 오롯이 혼자이고 싶다. 거실을 서성거리다 빈방에 들어선다. 아늑하다. 두툼한 먹물 방석에 퍼질러 앉아 있으면 그냥 편안하다. 하얀 벽을 등지고 수석 사이에 세워 놓은 이 작품이 눈길을 붙든다. 대웅전의 단청을 보듯 색이 강렬한 탓이기도 하리라. 위에서 아래로 내리긋듯 흘러내린 글자의 마지막 획이 보면 볼수록 한없는 깊이감을 보여준다. 이승과 저승, 탄생과 죽음, 그 너머의 모든 것들은 이만한 깊이만큼 멀리 떨어졌으되, 이토록 한 줄기 획으로 연계되어 있는 것이리라.

반가사유상을 대면하기 위해 서둘러 국립중앙박물관으로 가는 날이었다. 전시 공간은 특별실로 꾸며졌다. '두루 헤아리며, 깊은 생각에 잠기는 시간'이란 자막을 지나자 사위가 캄캄하다. 그믐밤에 혼자 골목길을 걷는 기분으로 들어간 사유의 방. 별빛만 반짝이듯 어둑한 조명이다. 그 아래 반가사유상 두 분만 연화대 위에 다소곳이 좌정해 있다. 이른 시각이라 관람객도 없다. 합장하고 탑돌이 하듯 불상 주위를 천천히 맴돌았다. 고졸한 미소를 띠며 사색에 잠겨있는 표정을 보고 있자니 눈물이 하염없이 흘렀다. 굳이 말이 필요 없었다. 침묵으로도 수만 마디의 말을 대신하고 있었다. 그에 답하는 내 눈물은 언제부터 내 안에 잠재해 있었던 것일까. 삶이란 마음과 마음이 건네는 선물 같은 거라고, 누군가의 슬픔이 내 슬픔이 되고, 이 슬픔은 반드시 지나간다고 반가사유상은 속삭이는 듯했다. 그러고 보니 우리 집 서각 작품도 불상을 친견하듯 바라보고만 있어도 어수선한 마음이 이내 고요해진다. 진정한 치유의 힘이 이런 것일까.

　운명이라는 것은 인간에게만 주어지는 문제만이 아닌 것 같다. 지금쯤 가지가 휘어지도록 붉은 대추가 매달렸을 나무는 어쩌다 그 험악한 일을 당했을까? 게다가 지인도 아이들 성장하고 한창 삶을 즐길 나이에 갑작스레 생을 마감했다. 초췌한 모습으로 병상에 누워 있던 생전의 모습들이 파노라마처럼 스친다. 사람뿐 아니라 선조들이 남긴 귀중한 유물에서도 운명적인 인연을 떠올리게 된다. 눈에 보이지 않는 길을 찾아 천년의 세월이 선물처럼 내게로 왔으니 말이다. 이 서각 작품도 지금은 내가 소장하고 있으나 영원히 내 것이 아니다. 그가 그랬던 것처럼 언젠가는 막역한 누군가에게 나의 마지막 선물이라며 안겨주고 떠날 것이리라.

그가 떠나던 날처럼 가을비가 추적추적 내린다. 그날 장례식장을 나서니 늦은 밤이었다. 주차장 담장 틈에서 귀뚜라미 한 마리가 울고 있었다. 그 울음이 애절하게 들려 머뭇거리다 차에 올랐다. 그 녀석이 오늘은 우리 집 베란다에서 운다. 문득 그가 생각나 살며시 문을 열었다. 뚝, 우는 소리가 그친다. 먹먹한 눈시울에 그는 없고, 빗소리만 무성하다. 날이 밝으면 그 녀석을 찾아서 달개비꽃 만발한 풀숲에 놓아 주어야겠다. 어둠조차 맑고 깊다.

◇ 까청이를 만나다

안영순

2006년《수필과비평》등단
수필집『강에게 고향을 묻다』
youngsun7574@hanmail.net

까청이를 만나다

뒷산인 금정산에 오른다. 별일 없으면 아침나절의 루틴이 된 지도 어언 이십여 년이 지났다. 이 나이 되도록 어찌 잔병치레야 없었겠냐마는 오래도록 변함없는 몸무게에, 잘 걷는 것만으로도 금정산이 나를 굳건하게 지켜주는 것이라 여기며 산다.

한 달 전쯤 뜻밖에도 산 친구가 생겼다. 그 친구는 따로 약속하지 않아도 늘 그 자리에서 나를 기다리곤 한다. 더러 내가 빨리 가거나 늦게 가도 개의치 않는다. 이따금 다른 코스인 능선으로 향해도 어떻게 아는 건지 내 앞에 나타나곤 한다.

청색 깃털을 가진 그 친구를 나는 까청이라 부르기로 한다. 까마귀는 다 검은색인 줄 알았다. 햇살이 밝게 빛나는 날 까마귀의 짙은 청색 깃털이 얼마나 눈부신지 모른다. 평소라면 새 깃털 색 같은 것엔 흥미를 느끼지 못했으나, 청명한 하늘 아래 청색 바다를 닮은 듯한 오묘하고 환상적인 빛깔에 나는 그만 매료되고 말았다. 날개를 퍼덕일 땐 파도의 흰 포말을 보는 듯하다. 까청이는 산에서 만나는 나만의 바다다.

까청이에게 먹이를 주기 시작한 것도 순전히 그가 나를 따라왔기 때문이었다. 처음엔 간식거리를 바위 위에 놓아주니 쭈뼛거리며 눈치를 보기에 슬쩍 자리를 피해 주었다. 요즘은 먹이를 올려놓으면 친구와 같이 와서 먹기도 한다. 새도 입맛을 다신다는 걸, 까청이를 만나고 알았다. 소리 없이 입을 벌리며 나를 따라오는 건 분명 입맛을 다시는 것 아니겠는가. 가방에서 먹이 꺼내는 기색이 안 보인다 싶으면 입맛을 다시며 나를 따라오기도 하고, 내 신발 앞에 척 내려서기도 한다. 모른 채 지나가면 종종 모이를 올려놓는 바위 근처 나뭇가지로 날아가 차분히 내가 오기를 기다리기도 한다.

다람쥐처럼 먹이를 저장할 줄도 안다. 큰 먹이는 물어다 낙엽 밑에 숨긴다. 먹을 게 넉넉할 땐 여기 저기 숨기기 바쁘다. 어떨 땐 먹이를 물고 가 한참이 지나서야 온다. 짐작하건데 둥지로 가서 부모를 봉양하고 돌아오는 게 아닌가 싶다. 까마귀는 무릇 효를 아는 미물이라 하니 이런 생각이 드는 것이다. 먼 길 다녀와 남은 먹이를 마저 먹는 까청이가 기특하다. 먹고사는 일은 살아있는 모든 것들에게 힘든 숙제 같은 일임을 새삼 깨닫는다.

추위가 기승을 부려 모든 것이 얼어 버리는 한겨울이면 까청이 밥을 어떡하나 걱정이 된다. 그러나 계속 사람에게 먹이를 얻어먹다가 야생의 본능을 잃어버리면 어쩌나 우려도 된다. 봄이 오면 가장 먼저 피는 진달래꽃이라도 따 먹을 텐데…. 어릴 적 우리도 따 먹었던 꽃이다. 산자락에 진달래가 피어오르면 등산을 못 가도 까청이 걱정이 좀 덜 된다.

까청이는 분명 사람을 알아본다. 어쩌다 남자 동행을 만나 같이 지나가면 모습을 드러내지 않는다. 산 능선 어딘가에 있다는 걸 알려 주는지 까악 까악 소리만 간간히 들린다. 가져간 먹이를 주던 곳에 놓고 온다. 다음 날 보면 말끔히 먹어치우고 없다.

까청이를 보면 어릴 적 손녀가 떠올라 웃음이 나곤 한다. 93세 시어머님이 작고하시어 선산에 장례를 치르러 갔다. 지금은 성인이 된 손녀가 다섯 살쯤이었다. 증조할머니의 장지 언덕에 쪼그리고 앉아 눈도 깜빡거리지 않고 장례 절차를 지켜보고 있었다. 장례를 마치고 내려오는 길에 까악까악 까마귀가 날아가자 아이가 무슨 소리냐고 물었다.

"까마귀 소리란다. 저기 봐. 까만 새가 날아가지?"

한참동안 하늘을 올려다보면 손녀가 말했다. "안 씻어서 새까만가 봐."

페루에는 안데스 산맥 해발 3천 미터 고지에 계단식 염전이 있다. 먼 옛날 지각 변동으로 바닷속 지형이 솟아올랐고, 암염으로 깃든 바다의 기억은 아직도 지하수와 만나 소금물로 흘러내린다. 짙푸른 바닷빛에 하얀 포말까지 일렁이는 까청이의 날개를 보며 나 역시 산에서 바다를 만난다. 나의 바다가 한겨울에도 얼어붙지 않고 새 계절을 무사히 맞이하길 바란다.

진달래꽃이라도 어서 피어나기를 기도해본다.

◇ 오지를 걷다

안현숙

2008년 《수필과비평》 등단
수필집 『맹그로브 숲을 향하여』
a583579@hanmail.net

오지를 걷다

　오지를 향하는 마음은 고요하다. 한여름의 한낮, 땡볕의 위용이 절정인 시간에 차는 한 번도 가보지 않은 그곳, 고요한 적막이 흐르는 곳에 나를 내려놓았다. 이상하게 바다를 떠나 내륙의 속으로 깊이 들어올수록 마음이 가라앉는다. 침묵의 풍경이 이렇게 다를 수 있을까. 하늘도 고요하고 물살도 고요하고 드문드문 보이는 몇 개의 지붕도 고요하다. 그 고요함이 어깨를 쓰다듬고 마음을 부드럽게 쓸어준다.
　분노나 불안, 두려움 같이 자신을 엄습하는 감정에 압도당하는 사람들과 늘 시간을 나누면서 항상 그들과 함께 나를 토닥인다. 직업적 특성이 언제나 발길을 떠나게 한다. 꿈꾸는 순례자가 되어 길 위에 있을 때 커다란 안정감을 느낀다. 아주 오래 살아 온 산과 나무, 물과 돌이 나의 숨결을 반겨주고 품을 내어 안아준다. 길들여진 말이나 행동이 사라지고 이제 가슴으로 느끼는 시간이 펼쳐진다. 슬프게도 나는 지내온 많은 시간 동안 눈멀고 귀 먹은 가슴으로 살았던가 보다. 바람 한 점 한 점의 미세한 흐름, 물 흐르듯 부드러운 새들의 날갯짓, 나뭇잎에 내려앉은 햇살의 입자들을 보며

귀가 열린다. 안개처럼 길을 따라 걸어가면서 적막한 한낮의 숲속 부산한 소음이 느껴진다.

　삶의 의무감은 사라지고 풍경으로 느릿느릿 물드는 가슴을 안고 걷는다. 한때는 영화로웠던 추억들을 속절없이 버리고, 향기롭고 화려하고 예민했던 청춘을 보내고 이제는 모든 것이 평화롭고 풍요롭다. 나는 왜 그리 용감했던 것일까. 때로는 끔찍했던 혐오를 기억한다. 우리를 보여주는 것은 취향이 아니라 혐오라는 말이 마음에 꽂힌다. 타인을 괴롭히는 폭력, 학대, 추행, 때로는 죽음의 모습까지가 그리 멀지 않은 가까운 숨결로 다가올 때 아무리 마음을 먹고 평상심을 유지하려고 해도 마음이 나를 먹어버려서 껍질만 남아있는 때가 많았다.

　양원역은 실재하지 않았던 듯 마치 모형 같은 느낌이었다. 계곡을 끼고 도는 얕은 물소리가 들리는 산골 오지에서 열차가 지나가는 풍경은 상상만으로도 정겨웠다. 그리고 이 길의 끝에 아직도 또렷한 눈웃음으로 깊이 기억되는 한 사내가 있다. 그리운 이름, 신창선 선생님이다.

　양원에 라벤더가 피어있다는 이야기를 들었다. 그곳은 우리나라 내륙의 가장 깊숙한 곳, 해발 1,000미터가 넘는 산이 에워싸인 가파른 골짜기 안에 꼭꼭 숨어있어서 오지 여행의 성지와 같은 곳이라고 했다. 예전에는 길이 없어서 자동차로는 갈 수가 없었단다. 그 작은 역을 향해 출발했을 때 그 길의 끝에서 누군가의 흔적을 찾는다거나 하는 마음은 추호도 없었지만 양원역에 도착해 보니 트레킹의 종착지인 승부역 안내판이 보였다. 갑자기 기억 저편에서 수많은 언어들이 일제히 소리를 질렀다! 나는 승부라는 지명조차도 몰랐다. 다만 그 깊고 깊은 시골 마을 학교에 초임 교사로 부임했던 한 남자의 이야기를 수없이 들었을 뿐이다. 바로 그곳이구나. 그 이야기 속 깊은 골짜기를 더듬어 걸으며 평생 외로움과 벗해 살았던 신창선 선생님이다. 이제는 우리 곁을 떠나셨지만 여전히 위대한 수필가로, 또 스승으로 마음속에 남아 계신다.

　한적한 자연, 오지의 그곳에서는 깊이만큼의 원시적 생명의 기운이 조용히 뿜어져 나오고, 걷다가 지친 나는 계곡의 흐르는 물위에 그대로 드러누워 하늘과 구름과 조우했다. 내년에는 지구 저편에 있는 산티아고 순례자의 길을 걸을 수 있을까 꿈꿔본다. 내가 가는 길을 알기 위해 더 많은 다른 길을 가보고 싶다. 산길, 물길, 들길에서 처음 보는 모습에 작은 탄성과 환호를 지르며 처음 만나는 그 숨소리와 인사하며 그들의 언어를 듣고 혼자 꿈을 꾸리라. 자신 앞의 한 길을, 오로지 열심히 그 길로만 걸어온 사람은 결코 많은 것을 볼 수는 없었을 것이다.

　어린 시절 호기심을 억압 받거나, 학대 당하고 수치심을 겪게 되면 아이다운 순진성에 상처를 입는다. 그래서 스트레스 상황을 만나게 되면 있는 그대로의 반응이 아니라 길들여진 행동을 하게 된다. 아이였을 때 세상을 향한 탄력성과 융통성이 자기 성장의 바른 용도로 사용되지 못하고 그저 생존만을 위해 억제하며 길들여지는 것이다. 그러다 보면 좁아진 한 길만을 바라보며 걷게 되는 경우가 많다. 완벽하게 자유롭고 순수하며 순진했던 그때로 되돌아갈 수 있을까? 지금이라도 가슴 쿵쿵 뛰는 길 위로 부지런히 걸음을 내디뎌 본다.

  무디어진 심장을 안고 있지만 오늘도 걷는다. 햇볕은 어느새 기울어 황금빛으로 물들었다. 바람을 붙잡고 한껏 즐기며 산줄기를 따라 깊은 오지의 심장을 향해 걸어 들어간다.

◇ 구포장

이금자

방송통신대학교 영문학과 재학 중
드레문학회 회원
ygj0815@naver.com

구포장

 있는 사람은 겨울 나기가 쉽고, 없는 사람은 여름 나기가 쉽다 했던가. 그러나 올여름은 너 나 할 것 없이 너무 힘들다. 세월이 지날수록 더 그렇다. 하얀 팔뚝 드러내놓고 구슬땀 흘리고도 싱그럽던 시절은 다 가버렸다.
 밖에 나가려니 태양이 무섭고, 집에 있으려니 그것대로 무섭다. 자녀는 성장해 타지로 떠나고 '영감, 할멈' 둘이 덩그러니 살아간다. 하루 온종일 마주하고 지내기란 퍽 피곤한 일이다. 남편도 그렇게 여길 거라 생각하니 쓸쓸한 피곤함이 더 밀려온다. 오전 중에 출타한 그가 일찌감치 돌아오기 전에 나도 집안일을 대강 마무리해 놓고 탈출을 하려 한다.
 창밖 날씨는 극도로 화창하다. 이 더위 속으로 꼭 몸을 던져야만 할까. 그냥 나가지 말까. 그렇다고 집에 있으면 둘이서 후줄근하게 TV만 켜놓고 앉아 있을 게 뻔하다. 그래, 용기를 내자. 나가서 오늘의 새로운 페이지를 만나보자.

 "구포장은 어떻게 가요?"

버스 정류장에서 누군가 묻는다. 나보다 더 나이가 많은 여인이다. 행색은 깔끔한데 횡설수설하는 모양이 수상하다. 알 수 없는 혼잣말을 늘어놓기도 하고, 주변 사람을 붙잡고 했던 소리를 거푸하기도 한다. 잠시 후 가는 버스가 오길래 나도 그 노인과 함께 차에 올랐다.

"아이고, 할매요! 또 어디 갑니꺼."

사투리 걸쭉한 기사 아저씨가 흥분한 목소리로 승객을 맞이한다. 아무래도 한두 번 마주친 사이가 아닌 듯하다. 이른바 폭탄 손님이 아닐는지.

노인은 버스 중간 자리에 앉아 앞좌석 여자에게 스스럼없이 말을 건넨다.

"나는 노포동 사는데 지금 과일 사러 구포시장 가는 기다."

앞좌석 중년 여인은 조금 어리둥절해하면서도 노인의 말을 잘 들어준다. 같은 정류소에서 내릴 때는 어깨를 감싸 안아 부축까지 해주었다.

앞좌석 그녀보다는 나이가 많고, 뒷좌석 노인보다는 젊은 내가 그 모습을 바라본다. 그녀는 노인이 치매인 줄 모르는 것 같다. 그저 나이 드신 분을 따뜻하게 대할 따름이다. 아직 젊기에 그녀는 늙음을 모른다. 늙고 고장 나고 망가지는 세월이 있다는 걸 잘 모르는 것이다.

그 세월로 가는 길에 이렇게 살가운 이웃이 있어 얼마나 다행인지. 훗날 나 또한 어느 정류소에서 누군가의 부축을 받을 수 있을까. 금세 까먹고 다음 날 또 버스에 오르더라도 내 어깨를 붙잡아 줄 누군가가 있을지도 모르겠다. 이런 생각에 오늘이라는 페이지도 꽤 기분 좋게 쓰여진다.

  더운 날에도 사람의 온기만큼은 따스하고 훈훈하기만 하다.

◇ 소금꽃

이두래

2013년 《경남신문》 신춘문예 수필 부문 당선
2014년 《문학나무》 젊은 수필 선정
2020년 제7회 경북일보문학대전 동상
leedr4855@naver.com

소금꽃

　소금밭을 보고자 작정한 것은 아니었다. 이른 가을, 남녘의 산사를 온통 붉게 수놓는 꽃무릇을 향해 떠난 여행이었다. 가히 절집 수도승의 다잡은 마음을 흐트러뜨리고도 남음이 있는 고운 빛깔과 자태에 탄성이 절로 나왔다. 오롯이 하나일 뿐 그 무엇의 침범도 허락지 않는 일종일색一種一色의 꽃 무더기, 꽃동산, 꽃 천지랄까. 형언할 수 없는 수천수만의 꽃무릇 속에서 아마도 천상계가 있다면 이런 곳이 아닐까 싶었다. 무릇 꽃이라면 이 정도는 되어야 한다며 뽐내듯 곧은 품새로 붉은 기염을 토하고 있었다. 누구라 꽃무릇을 두고 꽃과 잎이 만나지 못해 상사화라 했던가. 잎과 꽃이 만나 피워낸 꽃이라면 이처럼 처연하게 아름답지 않으리.
　영광 불갑사의 꽃무릇을 구경하고 딱히 정처가 없었던 우리는 즉석에서 신안의 증도로 행로를 정했다. 유네스코 생물권보전지역, 아시아 최초 슬로우시티 지정, 소금의 섬 신안군 증도 행은 탁월한 선택이었다.
　나도 바닷가에 살지만 그 풍경은 내가 사는 곳과는 사뭇 달랐다. 증도의 자랑은 드넓은 갯벌과 염전이다. 갯벌에는 짱뚱어와 방게가

진흙탕에서 그들만의 몸짓으로 폴짝거리고 기어가는 것이 보기만 도 즐거웠다. 염생식물鹽生植物 함초가 푸름을 뽐내고 이름도 생경한 칠면초가 붉은 융단을 깔아놓았다. 함초는 들어본 적이 있지만 칠면초는 금시초문이었다. 산에 꽃무릇 융단이 있다면 바닷가엔 칠면초의 붉은 융단이 깔려 있었다. 갯벌에서 자라 예쁠 것도 없는 칠면초지만 무더기로 깔려있는 칠면초의 붉은 빛은 꽃무릇에 뒤지지 않았다.

아직 한낮의 더위가 가시지 않은 청명한 가을날, 염전에 도착했다. 경지 정리한 논처럼 잘 정비된 소금밭에는 키 낮은 소금 창고들이 줄지어 서 있었다. 우리는 한 염부가 대파(고무래)로 소금을 모으고 있는 염전으로 무작정 들어갔다. 우리들의 무단 침입에도 다행히 염부는 반갑게 맞아 주었다. 소금밭에 코를 박고 가만히 들여다보았다. 하얀 소금이 보석처럼 빛나고 있었다. 고둥을 잡듯 손으로 한 움큼 쥐어 보니 가실한 소금의 입자들이 느껴졌다. 이 결정結晶들을 소금꽃이라 한다던가. 바다에서 피어난 소금꽃은 꽃무릇과는 또 다른 아름다움을 자아내고 있었다. 바닷물이 소금꽃이 되기까지 염부는 얼마나 힘든 노역을 치렀을까.

염부 체험을 하고 싶다는 우리들의 성화에 장화와 대파를 넘긴 늙은 염부는 염전 가에 앉아 담배를 빼어 물었다. 문득 박범신의 소설『소금』이 떠올랐다. 자식 공부 뒷바라지하느라 염전에서 생을 마감한 주인공의 아비가 노인의 얼굴에 오버랩 되었다. 햇빛과 소금에 절어 검고 주름 팬 얼굴이 평생 소금밭을 일구고 살았음을 증명하는 듯 보였다. 그렇게 나는 한 편의 소설을 상상했으나 예상과 달리 그는 소금 일을 시작한 지 일곱 달밖에 되지 않았단다. 집에 우환이 있어 아내도 없이 혼자 일을 하려니 어깨가 녹아내리는 것 같다고 했다. 우리에게 잠시 대파를 넘기고 얻은 휴식이 내심 반가워 보였다. 몇 마디 풀어놓지도 않은 말 속에 여러 지방 사투리가 섞여 있는 염부는 장사하느라 전국을 돌아다니다 일흔에 여기까지 흘러 들어온, 박범신의 소설보다 더 소설 같은 이야기를 밭은 가래 뱉어가며 들려주었다.

　녹내장이라도 앓는 듯 희뿌연 눈동자로 염전을 바라보는 그의 생이 그대로 얼굴에 드러났다. 태양에 그을린 얼굴은 문지르면 뻘이 묻어날 듯 초췌해 보였다. 염부의 삶이 짠물에 녹아 흐물흐물 형태를 잃어 가는 해파리처럼 위태위태해 보이는 건 나의 노파심 때문일까. 신산한 장돌뱅이의 삶에 더하여 소금기에 쩐 염부로 살아갈 그의 삶이 녹록치 않은 것 같아 안타까웠다.

　하지만 나의 노파심이여 아서라. 함초는 바닷물에 절어서도 저리 푸르고, 예쁠 것 없는 칠면초의 붉은 빛이 저토록 고혹적이지 않은가. 바닷가에 꽃이 피고 있다. 갯가 민초들이 경작하는 소금밭에는 소금꽃이 만개하여 흐드러진다. 뉘라 염부의 삶을 함부로 재단하랴. 그는 꽃을 피워내는 사람인 것을.

　어설픈 체험꾼들은 자꾸만 소금밭에 엉덩방아를 찧었다. 대파질 역시 뜻대로 되질 않아 소금물이 염전 두렁을 넘어갔다. 도움은커녕 해작질만 하는 듯해 그만 대파를 내려놓았다. 이웃 갯벌에선 아낙들이 함초를 수확하고 있었다. 알록달록한 일바지들 갯가에 일렁이는 어여쁜 꽃과 같았다.

◇ 자장암을 찾아서
◇ 소나기

이석동

방송통신대학교 영문학과 재학중
드레문학회 회원
est000333@daum.net

자장암을 찾아서

　방송대에서 공부를 시작한 지 10년째다. 4개 학과를 졸업했다. 학위를 딴 것보다 나 자신을 돌아볼 수 있어 더욱 값진 시간이었다. 배우면 배울수록 내가 모르는 게 많다는 걸 알게 되니 공부를 멈출 수가 없었던 것 같다.
　석가탄신일 즈음 가족들과 양산 통도사를 찾았다. 대가람을 둘러본다. 신라 선덕여왕 15년에 창건된 이곳에는 부처님의 법신이 계신 까닭에 불상이 없다. 자장율사가 당나라에서 가져온 불사리와 가사, 대장경 등의 진신사리가 금강계단 안에 봉안되어 있다. 이후 많은 전각들이 세워지면서 한국 불교의 구심처이자 불보종찰로 자리매김했다.
　자장암으로 올라간다. 자장율사가 통도사를 짓기 전 이곳 석벽 아래에서 움막을 짓고 수도한 곳이다. 옛 이름은 자장방이다. 통도사 경내 칠방의 하나였고 자장율사의 제자들이 수양하던 암자다. 자장암은 국내 사찰 중 전망이 좋기로 유명하다. 다실에서 바라보는 경치가 수려하다. 영축산의 정상과 능선이 한 폭의 동양화처럼 펼쳐져 있다.

관음전의 바닥은 암석이다. 거북바위 암반 위에 바로 지어 올린 것이다. 자연을 있는 그대로 살린 조상들의 정신과 뛰어난 건축 기술이 놀랍다. 관음전 앞은 거북의 꼬리 부분, 법당 안은 거북 몸통, 뒤는 거북 머리로 그 모습이 여전히 살아있다.

법당 오른쪽에는 수세전壽世殿과 자장율사의 영정을 봉안한 자장전慈藏殿이 있고, 그 옆으로 요사채가 있다. 암자 입구 쪽에는 최근에 지어진 선실禪室인 취현루醉玄樓가 있다. 관음전 오른쪽에는 거대한 마애불이 새겨져 있는데, 통도사 산내의 유일한 마애불이다.

거대한 마애불은 거석을 물음표 모양으로 다듬은 다음, 앞쪽을 조금 더 벌려 세운 병풍 같은 바위 삼면에 암각해 놓았다. 중앙에는 아미타좌불을, 좌우에는 대세지보살과 관세음보살을 협시불로 삼았다. 군데군데 진언 중의 진언 '옴' 자가 범어로 음각되어 있다.

자장동천慈藏洞天은 통도 팔경의 하나이다. 1경 무풍한송(舞風寒松: 통도 천의 풍광과 아름다운 소나무), 2경 취운모종(翠雲暮鍾: 취운암의 저녁 종소리), 3경 안양동대(安養東臺: 일출 시 안양암에서 큰절 쪽으로 보이는 경관), 4경 자장동천(慈藏洞天: 자장암 계곡의 소沼가 달빛을 받아 연출하는 광경), 5경 극락영지(極樂影池: 영취산의 수려한 풍경이 담기는 극락암 영지), 6경 비로폭포(毘盧瀑布: 비로암 서쪽 30m 거리에 있는 폭포), 7경 백운명고(白雲鳴鼓: 백운암 북소리), 8경 단성낙조(丹城落照: 단성 산성에서 바라보는 저녁노을)를 말한다.

자장동천의 바위에는 자장율사가 친필로 새긴 세이석洗耳漸이란 글씨가 보인다. 당시 정계에서는 진골 출신의 외아들이며 지혜를

겸비한 그를 산속에 가만 놔두지 않았다. 선덕여왕이 그를 재상에 앉히려고 누차 불렀으나 응하지 않자 칙령을 내려 '산에서 내려오지 않으면 목을 베리라.' 하였다. 그러나 자장은 하루를 살다 죽을지언정 파계하여 백년을 살지 않겠다고 답했다. 그런 뒤 삿된 말을 들은 자신의 귀를 자장동천 흐르는 물로 씻은 뒤 바위에 세이석이라 각서하였다. 권력을 멀리했을 뿐 아니라 한 번 더 그 마음을 물로 씻고 바위에 새기는 결의가 드높다. 혹여 마음 속 먼지톨 같은 욕망이라도 일지 않도록 그는 자연으로부터 치유 받고 단단해지려는 것이다. 사람 마음이 오욕칠정으로 들끓을 때 이처럼 자연이 씻어주고 일러주며 위로해준다.

관음전 뒤쪽 암벽에서 맑은 석간수가 흘러나오고, 그 위 석벽에는 엄지손가락이 들어갈 만한 작은 구멍이 있다. 자장율사가 수도하고 있을 때 두 마리의 개구리가 물을 혼탁하게 하므로 석벽에 구멍을 뚫어 개구리가 들어가 살도록 했다 전해진다. 참배객들은 이 금와공 속 개구리를 보기도 하고, 못 보기도 하는 데서 불심佛心을 헤아리기도 한단다. 손자와 나는 한참동안 그 안을 들여다보았다.

"손자야. 오늘 자장암에 와서 무얼 느꼈니?"

"새로 알게 된 게 너무 많아요. 앞으로 더 열심히 공부해야겠어요."

10년 공부하며 깨우친 것을 아이는 산중에서 금세 깨닫는다. 배울 것이 아직도 많이 남았다.

소나기

비가 내린다
절벽 위 무리 지은 바위손
속절없이 젖는다
빛깔 짙어져
푸른 융단 더 보드랍다

부처님 손바닥 활짝 펴있다
세상 바라보는 눈도
그처럼 열려 있으리

나무 사이사이로
갠 산길 오르니
물방울 보배롭고
새소리 영롱하여
하늘이 가까운 듯하다

◇ 가시 감자

이승숙

2010년 《수필과비평》 등단
부산수필가 문학상 본상
수필집 『이화, 달빛 사르다』, 『매화 홀로 난분분』
부산문인협회. 부산수필문인협회 이사. 부산수필과비평작가회 이사
sk3919@hanmail.net

가시 감자

볕 한 줌 들지 않는 창고 한 귀퉁이에서 가시를 품은 감자를 만난다. 돌보지 않아도 살아남아 스스로 날을 세우고 있다. 마치 성난 고슴도치처럼 움츠린 채, 얼핏 보면 무엇인지조차 알아보기 어려운 형체다. 가까이 보니 당장이라도 달려들 기세다.

초록빛 싹을 봤던 때가 작년 봄이었을 것이다. 계절이 몇 번 바뀌는 동안 까맣게 잊고 있었다. 식물의 가시는 외적 변화를 견디며 생기는 것이라 한다. 생존을 위한 저항, 자기만의 방식으로 살아남기 위한 몸부림이다. 가시나무에 가시가 돋듯, 감자 역시 그렇게 자라난 것이다. 요즘 가시 감자를 닮아가는 사람들이 많다. 상처 입지 않으려고 먼저 날을 세우고 쉽게 마음을 내어주지 않는다. 나 홀로 조용히 살아남는 쪽을 택한다. 그 안에는 누구보다 많은 상처와 분노가 차곡차곡 쌓여 있다.

나도 자신을 지키기 위해 가시를 세우는 순간이 있었다. 누군가의 무심함과 외면 속에서 묵묵히 응축된 슬픔과 분노가 가시가 되어 드러났다. 상처를 외면당한 시간이 길수록 고요한 분노는 점점 뾰족해지기 마련이다. 상처 입지 않고는 순순히 살아남기 어려운 세상이다. 붉어진 생채기는 외면당한 시간만큼 자라나 뿌리처럼 견고해진다.

　폐가처럼 방치된 마을 어귀의 나무 문이 떠올랐다. 겉은 멀쩡한데 안으로는 가시덤불이 뒤엉켜 있어 문 여는 것조차도 쉽지 않았다. 손을 대면 반드시 사람을 찌르는 문. 그 문도 한때는 누군가를 들이고 내보내던 따뜻한 통로였을 게다. 말 대신 세운 날카로운 표정, 그것이 바로 사람들의 가시다. 대부분은 본디 순한 마음을 지녔을 이들이다.

　말은 넘치고 진심은 희귀해진 시대다. 위정자들은 국민을 이야기하지만 정작 국민의 삶에 닿는 말은 드물다. 무수한 말 속에 진심은 흐려지고 가시는 점점 더 단단해진다. 때로는 자신을 보호해주던 가시에 찔려 오히려 다치기도 한다. 나무꾼들은 가시나무를 패기 위해 가지를 다듬어 쐐기를 박는다. 나무가 한숨지으며 하는 말이, '도끼가 덤비는 것은 무섭지 않은데 내가 만든 쐐기의 고통은 정말 견딜 수가 없다.' 한다. 나무도 이러한데, 하물며 인간은 말해 무엇 할까.

　어젯밤 천변을 걷고 있었다. 초로의 남자가 비틀거리는 자세로 울분을 토한다. 처음엔 주정뱅이의 주사려니 해서 멀리 떨어져 걸었다. 한참 후 반환점을 돌아왔을 때도 그의 가시 돋는 말들은 여전했다. 가만히 들어보니 작금의 세상에 대한 분노 표출이다. 가시감자를 닮은 남자의 절규가 내 가슴에 못을 박는다.

　손바닥 위에 조심스레 감자를 올려본다. 자세히 들여다보면 가시는 말 없는 저항처럼 느껴진다. 배우지 않아도, 세상과 맞서는 법을 익힌 존재. 살아남기 위해, 버텨내기 위해 몸을 바꾼 감자. 삶이 얼마나 험했으면, 푸근한 얼굴이 그토록 날 선 몸이 되었을까. 작지만 단단한 의지. 그 조그만 감자 한 알에 삶의 모든 대답이 들어 있다. 우리도 그렇게 살아가야 하지 않을까.

사람도 그렇다. 순한 얼굴 뒤에 누구나 하나쯤은 가시를 숨기고 산다. 쉽게 다치지 않기 위해, 쉽게 무너지지 않기 위해, 삶의 마찰 속에서 각자의 울퉁불퉁한 모서리가 생겨난다. 우리는 그 모양 그대로 살아간다. 상처 입고 또 견디며, 점점 더 단단해진다. 가시 감자는 살아가는 법을 아는, 작지만 완강한 생명체다. 제 스스로 삶의 뾰족한 모서리 형태를 닮아가며.

중국 광동성에는 '판치 추안'이라 불리는 전통 의식이 있다. 단단한 가시로 이루어진 침대 위에서 맨몸으로 뒹구는 것이다. 이 전통은 설날의 가장 잔혹한 민속 풍습으로 불린다. 그런데도 지역 축제 중 가장 인기가 높다. 지원하는 사람들 모두 건강한 성인 남성들이라 한다. 참여한 사람들은 고통 속에서 박수를 받으며 무모한 도전을 이어간다. 가시가 몸에 깊숙이 박혀 더 많은 피가 흘러내리면 관객들의 박수 소리도 점점 커진다. 어떤 참가자들은 상처와 타박상으로 6개월씩 특별 치료를 받기도 한다.

우리 삶에도 그런 '가시 침대'가 있지 않은지. 남들이 알아주지 않아도, 내가 감당해야 할 곳에 묵묵히 자리하는 것. 박수는커녕, 오히려 흉터만 남는 자리를 나 역시 아직 버리지 못하고, 만지지도 못한 채 곁에 두고 있다. 시간을 견뎌내면 언젠가는 그 가시도 무뎌질 수 있을 것이다.

  사람도 감자처럼 살아간다. 단단히, 조용히, 자기만의 가시 하나를 숨긴 채.

◇ 오름, 오르다

이현미

2010년 《수필과비평》 등단
수필집 『아날로그의 추억, 그 후』
수필과비평작가회의, 부산수필과비평작가회,
부산문인협회, 부산수필문인협회, 드레문학회 회원
samho8@hanmail.net

오름, 오르다

일상의 묵은 짐을 내려놓고 싶었다. 홀가분한 몸과 마음으로 오롯이 자연을 만끽하기 위해, 늦은 휴가를 떠났다. 이른 아침 제주공항에 마중 나온 막냇동생은 현지인만 안다는 식당으로 안내했다. 간단하다는 아침 식사는 뜨끈한 어묵탕만으로도 속이 든든했다. 이제부터 제주 여행의 시작이다. 맨 처음 향한 곳은 검은오름이다.

에메랄드빛 바다에 이끌려 자주 들락거렸던 제주도지만 이번 방문에는 오직 오름에만 마음을 두고 느긋하게 여행하는 게 목적이다. 미리 신청해 둔 출입증을 받았다. 전에 없던 예약제가 생소했지만 검은오름은 360여 개 오름 중에서도 세계자연유산에 등재된 곳이니 그럴 만도 하다. 해설사는 안내를 벗어나면 길을 잃기 쉬우니 개별 행동을 삼가라며 거듭 당부한다.

검은오름 탐방코스는 1, 2, 3코스로 나뉜다. 1, 2코스까지는 해설사와 함께하고 3코스는 개인의 체력에 맞게 결정하면 된다. 1코스 정상까지는 30여 분, 2코스는 2시간여, 3코스까지 모두 둘러보는 시간은 3시간 정도 소요된다. 곶자왈의 지형을 따라 나무와 풀 냄새를 벗 삼아 찬찬히 2시간 정도 걷는 동안 절로 머리가 맑아지는 느낌이다.

 오르막 코스는 계단으로 되어 있다. 올라온 만큼의 계단을 다시 내려갈 터이다. 해설사는 걷는 중간중간 중요 지점에 대하여 설명을 하고는 문제를 냈는데 어찌 된 일인지 문제마다 내가 맞혀서 함께 출발한 일행들로부터 큰 박수를 받았다. 나는 용기를 내어 평소 궁금했던 검은오름이라는 이름에 대해 물었다. 산 정상의 분화구가 검게 보여서 붙여진 이름이란다. 궁금했던 것에 비하면 다소 밋밋한 이름이었지만 괜스레 신령한 기분이 드는 건 웬일인지.

 검은오름뿐 아니라 이곳의 오름들은 제주도만의 자연을 오롯이 느낄 수 있게 해 준다. 농경지와 바다, 그리고 한라산과의 조화는 잔잔하면서도 강한 인상을 준다. 검은오름에서 용암이 흘러나와 생성된 동굴들은 세계적으로도 희귀한 지형으로 알려져 있다. 숲을 보호하기 위해 건강하지 않은 나무는 의도적으로 솎아내어 군데군데 쌓여 있다. 나무가 잘 자라게 하기 위한 의미를 알았으니 그곳을 지나는 동안의 불편쯤은 기꺼이 감수한다.

 산 정상의 해발 고도는 456m이다. 2007년 국내 최초로 유네스코 세계유산에 '거문오름'으로 등재되었으나, 지역 단체의 지명 바로잡기 노력으로 '검은오름'으로 바꾸었단다. 오름 탐방은 단순히 경관을 즐기는 것 외에 생태계의 소중함을 깨닫고 자연의 소리에 귀 기울이는 경험이다. 새소리를 듣고 그 자리에 서 있기도 하고 살랑거리는 바람을 따라 풀 냄새도 맡는다. 삼나무 사이로 햇빛이 들어오면 세상이 환해지는 기분에 두 팔을 활짝 펴 보기도 했다.

숲길을 따라 걷는 내내 느껴지는 신비로움은 어디에서 오는 것일까. 마음 깊은 곳까지 전해지는 편안함이 침묵을 권한다. 어수선했던 지난날들이 절로 잠잠해진다. 꽤나 가파른 경사에 나무 계단이 있다. 생각보다 오랜 시간 계단을 올랐다. 힘들게 정상에 올라 바라본 오름은 들여다볼수록 검고 깊다. 엄청나게 큰 분화구에 압도되어 뒤로 몸이 움찔 젖혀졌다. 나의 마음속 사연들을 마저 토해내라는 듯 깊고 넓은 오름이 나를 바라보는 것 같았다. 3.2km의 둘레는 압도적인 규모로 인간이 감히 다가설 수 없는 위압감마저 느끼게 했다.

살면서 마주했던 후회나 엄습해 오던 걱정거리가 검은오름의 짙은 숲속으로 빨려 들어가는 착각으로 한순간 홀가분해졌다. 심호흡으로 마음을 정돈하며 검은오름을 등지고 내려오자 오를 때보다 꽤나 홀가분해진 나와 마주했다. 머리 싸맸던 숙제를 끝낸 듯 개운했다. 아이처럼 콩콩거리며 계단을 내려왔다.

암석이 성글게 쌓인 틈과 틈의 '풍혈'은 또 무엇인가. 연중 온도 13도에서 15도를 유지하여 여름에는 시원하고 겨울에는 따뜻하다니 그저 신기할 뿐이다. 조금 더 내려가니 제주인의 삶과 애환이 서린 숯가마터가 있다. 땔감이 부족하던 시절에는 울창한 숲과 나무 덕분에 숯을 구웠고, 4·3 사건 당시에는 주민들의 피신처로도 쓰인 곳이다. 자연의 신비와 제주민의 삶과 아픔, 역사까지 모두 품고 간직하고 있는 검은오름. 경건함마저 느낀 공간이었지만 자연보호를 위한 조치로 화장실이 없어 기어이 3코스는 가지 못하고 내려왔다. 아쉬움이야 이루 말할 수 없었지만 다음을 기약할 수밖에.

　오름은 쉬는 법을 알려주지 않았다. 그저 묵묵히 제 길을 내어주고 품어주며, 걷는 내내 나를 들여다보게 했다. 종아리가 당겨 한 걸음 떼기도 힘든 밤, 나는 고통스러웠지만 그 어느 때보다 뿌듯했다. 아픈 만큼 단단해지는 나의 발처럼, 삶도 그러할 것이다. 그렇게, 다시 걸을 것이다. 묵묵히 길을 내어준 오름의 발걸음처럼.

◇ 맛, 그 이상의 사랑

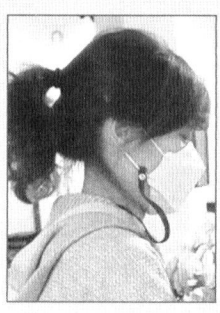

임소조

드레문학회 회원
sojo4738@naver.com

맛, 그 이상의 사랑

　엄마는 손이 컸다. 아무리 조절해도 적은 양의 음식을 만들지 못하셨다. 넉넉한 음식을 만들기 위해 재료도 신선한 것으로 박스째 사오셨다. 엄마와 함께 시장에 다녀온 날은 한참 동안 재료를 손질하고 다듬어야했다. 그때는 학교에 도시락을 싸가던 시절이라 엄마는 항상 새벽마다 일어나 우리 삼 남매의 찬거리와 아버지 식사를 정성스레 준비하셨다. 내가 무엇이든 잘 먹는 습관은 여기에서 시작되었다.

　외할머니는 젊은 시절 간호사였다. 할아버지는 내가 태어나기도 전에 돌아가셔서 말로만 들었는데, 유창한 영어 실력으로 미군 부대에 근무한 젠틀맨이셨단다. 이렇게 멋진 할아버지를 만나 결혼하고 아이도 낳았지만, 할머니는 종종 할아버지 험담을 하셨다. 일곱 남매를 낳고 키우느라 힘들었는지 어린 내가 보기에도 할머닌 늘 성난 얼굴이었다. 목소리 톤이 높고 미간 사이 주름이 가득했다. 문신한 검은 눈썹은 각지게 올라갔고 입꼬리는 아래로 향해 있었다. 그러나 음식을 차려내실 때는 가족을 향한 애정을 담아 더없이 정성을 들이셨다.

간호사 출신이라 그런지 영양을 갖춰 먹는 것과 위생에 철저했다. 이 두 가지만 살펴도 평생 건강하게 살 수 있다고 말씀하셨다. 가끔씩 할머니께서 우리 집에 놀러 오셨는데, 그때는 다른 날보다 더 화난 모습으로 마른걸레를 들고 먼지를 훔치셨다. 여자로서 해야 할 도리에 대해 읊으며 엄마를 도와 할 일 등에 대해 조곤조곤 설명하셨다. 어린 시절 나에게 할머니는 마녀처럼 무섭고 어려웠다. 아마도 엄마의 여장부다운 성격과 음식 솜씨는 할머니께 물려받은 것 같다.

배고프고 어려운 시절이었을 것이다. 일곱 남매를 먹이기 위해 할머니는 오일장에서 한가득 물건을 사 나르셨다. 집에 잔뜩 부려진 식자재를 다듬는 건 딸들의 몫이었다. 엄마는 이모들과 함께 재료를 정리하고 레시피 하나 없이도 음식을 만들었다 한다. 당시 싼 꽁치는 연탄불에 구워서 가족들 배에 기름칠을 해 주고, 비싼 고기는 조금 넣는 대신 양파와 배추를 푸짐하게 썰어 넣어 국을 끓였다. 과일은 낙과를 싸게 사서 비타민까지 보충했으니, 외가 식구들은 먹는 일에 공을 들이고 잘 먹는다. 많이 먹기도 하고, 빨리 먹기도 해서 다른 사람과 함께 식사할 때는 민망할 정도다. 이렇게 먹는 것에 진심인 할머니 덕에 나와 우리 가족 모두 대식가로 자랐다. 아마도 나의 건강은 왕성한 식욕에서 비롯된 것 같다.

부모님은 해외여행을 즐겨 다니셨다. 처음에는 우리들 걱정으로 여정이 짧았는데, 어느 날 과감하게 한 달 여행을 계획하셨다. 가까이 지내는 친척들이 있으니 가끔씩 아이들을 들여다봐 주겠거니

믿는 구석도 있었을 것이다. 여행을 떠나기 전 냉장고에 한동안 먹을 음식과 오징어 한 축을 넣어두고, 장롱 깊숙한 데 몇십만 원 돈뭉치도 두고 가셨다. 엄마는 내게 초등학교 때부터 집안일을 가르친 터라 크게 걱정하지 않은 듯했다. 게다가 우리 삼 남매는 워낙에 용감했다. 오징어 두 마리를 썰어 튀김을 해놓은 걸 보고 같은 아파트 사는 친척 언니가 혀를 내둘렀다. 이런 만찬은 오랫동안 지속되었고, 한 축의 오징어가 사라질 때쯤 부모님이 돌아오셨다. 많이 놀란 눈치셨다.

　우리 가족은 다섯이었지만, 형제가 많고 가족애가 깊은 부모님 덕에 대식구로 지냈다. 대가족이 함께하는 밥상에서는 먹는 것 이상의 문화를 경험할 수 있다. 추운 겨울날 김장 백 포기를 해서는 따끈한 수육을 곁들이면 금세 잔칫상이 되었고, 명절이나 제사마다 함께 모여 음복하면 너나없이 흥이 올랐다. 엄마가 음식을 다 만들고 나면 가장 열심히 심부름을 한 사람에게 한입 간 보는 기회를 주셨는데, 그 한입은 정말이지 쾌락 이상의 카타르시스. 모두가 쳐다보는 앞에서 혼자 혀끝에 전해지는 감칠맛을 음미하고 탄성을 지르는 즐거움이라니.

　식사가 끝나면 뒷정리는 여자들 몫이었는데, 아이들도 자연스럽게 함께 도왔다. 특히 부모님들 커피를 타드렸다. '둘, 둘, 넷'을 요즘 아이들은 모를 거다. 원하는 주문만 하면 뚝딱 나오는 카페 커피 맛을 따라가진 못해도 그 시절 커피 둘, 설탕 둘, 프림 네 스푼 주문을 받으면 미세하게 양을 조절하여 맛을 끌어올렸다. 맛있다는 한마디는 어느 훈장 부럽지 않은 칭찬이었다. 웃음소리 끊이지 않게 어울려 먹는 음식은 모두의 행복이자 가족 그 자체였다.

이런 어린 시절 덕에 음식은 내게 특별하다. 회사 마치고 돌아온 아버지 손에 든 봉지에 눈을 떼지 못한 채 삼 남매는 깍듯하게 인사를 올렸고, 과일을 하나라도 더 먹기 위해 씨는 삼키고 말았다. 자연스러운 대결 속에 형제간의 우애를 쌓았고, 친척들과 나눠먹던 습관으로 다른 사람에게도 음식을 나누는 기쁨을 배웠다. 건강한 식습관과 먹는 것의 소중함을 알게 되었고, 많은 양의 음식도 겁 없이 척척 준비하게 되었다. 무엇보다 내 아이들도 먹는 것에 행복을 느끼는 사람으로 자라났다.

내게 음식은 맛, 그 이상의 사랑이다.

◇ 덤
◇ 장미 잔치

전박자

저서 『아름다운 교단 만들기 70』,
『교장 전박자 권사의 정금 같은 이야기』 외
드레문학회 회원

덤

동네 친구들과 우리 집에서 수다를 떨고 있었는데 난데없이 가슴이 답답해왔다. 그 후의 일은 기억이 잘 나지 않는다.

친구가 119를 불렀다고 했다. 앰뷸런스가 도착할 때까지 가슴 마사지를 했다고도 한다. 대동병원 응급실에 도착했으나 받아주지 않아 부산대학병원으로 향했고, 그 사이 내 가족에게 연락이 취해졌다. 겨우 응급 처치를 받고서 그로부터 5일이 지나서야 의식이 돌아왔다. 눈을 떠보니 서울 사는 아들이 곁에 있었다.

정확한 병명이랄 것도 없었다. 링거를 꽂은 채 일반 병실에서 지내는 생활이 힘들고 지루할 따름이었다. 열흘째 되는 날 담당 의사를 졸라 퇴원 수속을 밟았다. 받아온 약이라고는 그저 나이 들면 생기는 병들에 대한 것뿐이었다.

집에 돌아오니 내 손길 가득한 살림살이들과 방 안 공기까지 나를 반겨주는 듯했다. 삶과 죽음이라는 게 종이 한 장 차이처럼 느껴졌다. 죽는 것도 순간이고, 이렇게 다시 움직이게 된 것도 순간이다. 아찔한 찰나의 고비에서 나는 삶 쪽으로 넘어온 것이었다.

지나간 일생이 주마등처럼 펼쳐졌다. 활기찬 부모님께 넘치는 사랑을 받았던 일본에서의 유년기, 오빠와 함께 한국으로 돌아와 입학시험을 쳤던 것. 그리고 부산 보수동 2층집에서의 기억과 담임 선생님 따라 처음 교회에 가서 찬송가를 배웠던 일. 겨울이면 교우들과 집집마다 돌면서 크리스마스 캐롤을 불러 드리던 일도 잊을 수 없다.

학창시절이 가장 애틋하게 떠오른다. 당시 부모님은 진영에서 단감과 복숭아 농사를 지으셨기에 오빠와 나는 부산에서 따로 살며 학교를 다녔다. 부모님은 사업으로 바쁘시면서도 보수동 집에 학용품이 떨어지지 않게 하는 등 부족함 없이 우리 뒷바라지를 하셨다. 우리는 토요일 오후면 버스를 타고 진영 과수원으로 갔다. 오빠는 소매 끝에 쌍백선이 있는 경남중학교 옷을 입고, 나는 배지에 리리양이 달린 교복 차림이었다. 탱자나무 울타리를 따라 올라가면 그리운 얼굴이 우리를 환하게 반겼다. 그때 부모님이 만들어 주신 꿩고기 스키야끼와 도너츠 맛을 어찌 잊을까.

아침이면 키우는 닭들이 갓 낳은 달걀을 깨 먹었고, 저녁에는 어린 동생들까지 다 같이 노래자랑을 했다. 1등을 하면 커다란 감을 상으로 받았다. 뭔지도 모르면서 유리병에 담긴 매실이 탐스러워 보여 꺼내 먹었다가 술에 취한 적도 있다. 해 질 무렵 뒷동산에서 마을을 내려다보면 초가집과 기와집들의 굴뚝에서 모락모락 연기가 피어나는 것이 보였다. 어린 나이에도 나는 그 풍경이 아름다운 그림처럼 느껴졌다. 생각만으로도 나는 다시 소녀가 된 기분이다.

고등학교 3학년이 되자 부모님은 대학 진학을 돕기 위해 부산으로 이사를 오셨다. 두 분의 그러한 열정이 있었기에 나는 뜻깊고 행복한 학창 시절을 보낼 수 있었고, 또 지금 이렇게 풍요로운 삶도 누리는 것이다. 그 삶이 잠시 위태로운 고비를 맞았으나 나는 다시 살아나 이렇게 추억을 더듬으며 감사 기도를 드리고 있다.

이제부터 살아갈 나의 삶은 덤이나 다름없다. 제 값만큼 다 주고받은 뒤 인정으로 얻게 된 시간. 나는 한없이 감사하고 기쁜 마음으로 이 시간을 살아낼 것이다.

장미 잔치

화명동에 장미 축제가 있다고 하여 친구와 함께 나섰다. 양산으로 이사 간 대학 동기도 한 명 불러냈다. 이곳에는 꽃밭이 많아 가끔씩 꽃 축제가 열리곤 한다. 얼마 전에도 튤립 향을 만끽하러 찾았던 곳이다.

만개한 장미로 이루어진 터널 안에서 친구들과 사진을 찍어본다. 딱 붙어 팔짱 낀 사이사이로 장미 향이 스민다. 빨간색, 노란색, 흰색 등 장미 색이 다양하고, 짙고 옅은 정도까지 달라 더욱 다채롭다. 내 손바닥보다 더 큰 꽃송이부터 새끼손톱만 한 앙증맞은 꽃까지, 다들 자기를 바라봐 달라며 매력을 뽐낸다. 고단하고 무미한 일상에 지친 사람들에게 웃음과 추억을 선사해주는 이런 행사가 참 고맙다.

오래 전 교직생활 할 때 근처 신설 학교에 발령을 받은 적이 있다. 그때는 지하철은커녕 지나가는 차도 많지 않았는데 지금은 정신없이 분주한 곳이 되었다. 많은 사람들이 지하철이나 고속철도를 이용해 양산시에서도 자유롭게 오간다. 부산이 더 넓게 확장된 느낌이다.

장미 내음에 취해서인지 돌아오는 지하철 안에서 졸다 깨다 했다. 몽롱한 채 아파트 단지에 들어서니 우리 동네에도 빨간 줄장미가 파티를 벌이고 있었다. 멀리 갈 것도 없이 바로 여기가 장미 축제 현장이었다.

단지 화단마다 크고 작은 장미들이 주렁주렁 피어나 있다. 아빠 손, 엄마 손, 아기 손 크기도 다양한 꽃들이 도란도란 대식구를 이루었다. 자기 계절을 맞아 마음껏 덩굴을 뻗어 공동 현관 입구까지 이어진다. 환한 꽃의 배웅을 받으며 집을 나서고, 또 집으로 돌아올 때면 꽃이 예쁜 얼굴로 마중을 나와 있는 셈이다. 한 송이 꺾어 집으로 데려갈까 싶기도 하지만, 아서라! 꽃들은 제자리에서 가장 아름다울 것이다.

서울 아들 가족이나 미국의 자녀들이 지금 같은 장미 철에 나를 찾아온다면 커다란 장미 꽃다발을 받은 듯하리라. 꼭 깜짝 선물이 아니더라도 삶이 단조로워질 때면 활기를 더해줄 이색 경험이 필요하다. 그림을 그린다거나 여행을 가거나 글을 읽고 쓰는 것도 좋은 일일 것이다. 잘 알면서도 이를 몸으로 실천하는 데는 인색해진다. 오늘처럼 지하철로 잠깐 떠난 나들이에도 이렇게 기분이 좋아지는 것을.

근처 화원을 찾아갔다. 평상시 보기 어려운 선인장 화분을 샀다. 거친 모래알 속에서도 보석같이 영롱한 꽃을 피워냈다. 거실 밝은 곳에 놓아두니 커다란 활력이 밀려온다. 집 안 공기가 새로운 분위기로 채워진다. 진작 할걸 싶다. 앞으로 새로운 음식도 만들어보고, 옷이나 가구에도 투자하면서 자그만 변화를 시도해봐야겠다. 무엇보다 나를 더 생각하고 위하는 여유를 가져야겠다.

 장미 축제 때 스며들었던 향기가 내 삶 깊숙이 퍼져가고 있다. 하루하루 새롭게, 잔치처럼 즐겁게 지내보자.

◇ 바늘 요정
◇ 밀당

최아란

2016년 《에세이문학》 등단
2018년 에세이문학 제5회 올해의작품상
2022년 제10회 매원수필문학상
2025년 아르코문학나눔도서 선정 『소란하게』
수필집 『언니의자』, 『소란하게』
aranie@daum.net

바늘 요정

분명히 여기 있었는데! 헐거운 단추 하나 손보려다 이 낭패를 본다.

바늘귀에 실 좀 꿰어달라고 딸에게 부탁한 정도는 괜찮았다. 엄마 어렸을 때 우리 할머니한테 이렇게 해드렸는데! 허허참, 같이 웃고 말았다. 그러나 거실 탁자에 올려둔 바늘 하나가 없어졌을 때는 전혀 웃을 기분이 아니었다. 조심히 자리에서 일어나 주변을 샅샅이 뒤졌다. 엎드려 소파 다리 아래를 노려보고, 가죽 이음매 사이사이 손을 넣어 헤집기도 했다. 애들이 집 안에서 뭔가를 잃어버렸다고 징징거리면 '그럼 그게 혼자 뚜벅뚜벅 걸어서 현관문을 열고 나갔겠냐.'고 타박하는 나다. 이거를 찾아야 엄마의 권위도 살고, 인격도 살 것 같은데 결국 그날 밤엔 아무것도 살리지 못했다.

다음 날도 아니고, 하루 더 지난 다음 날, 바늘은 안방 화장실 샤워부스에서 발견됐다.

최 선생. 나이가 들면 말이요. 분명히 봤다고 생각한 게 사실이 아니기도 합디다.

선입견이나 편견 같은 얘기가 아니었다. 진짜 착시. 늘 오가던 길에 약국이니 은행 간판 같은 걸 분명 봤다고 생각했는데 실제 살펴보니 그런 건 없더라는 거다. 이 기막힌 노릇을 동년배에게 토로하면 다들 비슷한 곤란을 겪고 있더라고. 이런 일 때문에 종종 다 큰 자식과 싸우고, 배우자와 다투고, 세상에 억하심정이 드는지 모른다며 내 눈엔 아직도 근사하기만 한 팔순 신사가 말했다.

바늘이 여기 있었다고 착각한 건 아닐까, 나도 잠깐 의심해보았다. 눈 영양제도 먹고, 뇌 영양제도 먹는 나로서는 있을 수 있는 일이다. 시각, 촉각, 기억력, 유추력, 나이 들면서 죄다 나빠지기만 하는 것들이다. 아직 새파랗게 젊은 애가 못 하는 소리 없다고 울엄마 기함하시겠지만, 호통을 쳐서 가는 세월 말릴 것만 같으면야 칼부림인들 못 할 일인가.

칼은커녕 고작 바늘 하나에 나는 완패하고 말았다.

어떻게 옮겨 다녔을지 모를 바늘의 여정에 대해서는 궁금해 않기로 한다. 여보, 나 바늘 찾았어! 어, 다행이네. 이틀 앓아누웠던 것에 비해 시큰둥한 위로가 날아온다. 솔직히 말해, 앓아눕지도 않았다. 낙담도, 환희도 나이 들면 영감님 오줌발처럼 시원찮아 지는 것인가.

둘째가 양치하면서 흔들리는 유치를 제 손으로 뽑았다. 저녁 내내 애지중지하더니 자기 전에 어디로 갔는지 안 보인다며 울상이다. 윤석아, 그러면 그게 제 발로 뚜벅뚜벅! 하려다 입을 닫았다.

"이빨 요정이 가져갔나 봐."
아이는 이렇게 결론 내리고 세상 후련한 표정으로 잠자리에 들었다.

그 이름까진 모르겠으나 보이지 않는 자그만 요정들이 인간 세상 날아다니며 책무를 다하나 보다. 좁쌀만 한 유치나 바늘 하나, 양말 한 짝 같은 걸 어디론가 감추거나 옮기는 일 말이다. 때론 헛디딜 뻔한 걸음을 잡아주고, 미끄러지는 유리컵을 식탁 끝에 아슬아슬 멈춰 세운다. 또는 반 토막짜리 계단 하나가 돋아나 발목을 삐게도 만들고, 늘 하던 칼질에 손을 베어 임시휴업을 선언하게 하기도 한다. 영리하고 재바르던 시절에는 도무지 이해할 수 없는 일이나 이 덕에 우리는 무언가 거기 있으려니 희망하기도 하고, 없을 수도 있겠거니 자중하는 것 아닐까. 온갖 영양제를 챙겨 먹는들 자존감 침침해지고, 교만은 엉겨 굳고, 신나는 일 황홀한 일 쪼그라져만 가는데, 장난꾸러기 요정들의 바늘구멍만 한 해프닝으로 일상에 신비 한 자락이 들락날락하는 거라고, 그렇게들 알고 지내자.
융통성이라곤 하나 없는 세월 앞에 마치 벌 받는 아이처럼 움츠러드든 우리를 가여이 여겨 오늘도 오만 요정들은 쉴 틈이 없다. 그러니까 분명히 가방에 넣어둔 것 같은 자동차 키가 보이지 않는 건 내 잘못이 아닌 거다. 허허참.

밀당

거실 창 너머에 무시로 펼쳐져 있는 바다는 빨랫줄에 걸린 빨래 보듯 하면서, 얼마쯤 차를 몰고 나가 커피 한 잔 시켜놓고 보는 바다에는 탄성을 아끼지 않습니다. 효율 없이 어슷어슷 높게만 지어 올린 건물, 위태로우리만치 크게 뚫린 창이 내어주는 장관에 취해 쿠션감 없는 의자는 불평거리가 못 됩니다. 어, 시간이 벌써 이렇게 됐네? 하는 말은 이 순간에 바치는 찬사입니다. 남은 타르트 마저 먹고, 중간에 떠온 물잔 비우고, 그러고도 외투에 팔 꿰어 넣기까지 한참이 더 걸립니다.

낯선 공간이 주는 이물감 때문이겠지요. 방금 깎은 손톱에서 만져지는 까슬까슬함 같은, 새로 꺼낸 이불 덮을 때의 찹찹함 같은 날 선 느낌이 우리를 기분 좋게 긴장시킵니다. 새 신을 신고 처음 나서는 새뜻한 발걸음처럼 나는 처음 가본 까페에서 가깝고도 먼 당신에게 시간 가는 줄 모르고 마음 기대었습니다.

우리는 언제 외로울까요. 외로움을 늘 옷처럼 입고 있을 때는 차라리 그 무게를 느끼지 못합니다. 그러나 단 한 번이라도 그것을 벗어본 다음이라면, 그러니까 외로움을 떨쳐낸 환희를 알게 된 후에는 그것을 다시 걸쳤을 때 무겁게 짓눌리게 되지요. 이제 무게를 느끼기 시작했으므로 그것을 떨쳐내고픈 열망도 생겨납니다. 무언가 간절히 바라는 게 있다는 건 그 자체로도 설레는 일입니다. 게다가 진짜로 그 소망이 이뤄질 때 더없는 감격에 젖습니다. 신은 대개 이런 식으로 선물을 주시더군요. 줄 듯 말 듯 애간장 태우며 생색을 많이 내는 방식으로 말입니다.

못 견딜 만할 때 가을이 옵니다. 선선하니 살겠다 싶을 때 찬 바람으로 바뀝니다. 할 만하다고 긴장을 푸는 순간 사고가 나기도 합니다. 예사로이 누리던 것들이 어느 날 바지 고무줄 터지듯 훌렁 사라지는 낭패를 봅니다. 품 안에 다 들어온 듯하던 인연이 다시 새초롬한 낯빛을 하고 멀뚱멀뚱 나를 경계하는 '밀었다 당겼다, 밀당'. 이 요망한 기술에 안 당할 재간이 없습니다. 또 다시 김칫국 안 마실 재간도, 경거망동 안 할 재간도 없습니다.

일상의 안녕이 돌연 나를 밀어낼 때, 나는 시시한 거실 창 앞에 돌아와 앉을 것입니다. 대수롭잖은 하루의 충직하고 텁텁한 품에 안기렵니다. 오로라처럼 황홀한 우정을 찾아 집 밖을 헤매던 둘째가 밤이면 낡아 빠진 고양이 인형을 끌어안듯 말이지요. 밀고 당길 줄 모르는 추앙에 안겨 아이는 오늘도 금세 단잠에 듭니다. 아침에 학교로 나설 때는 인형을 신발장 앞에 두고 가요. 현관문을 바라보게 놔둘 때도 있고, 놀이터가 내려다보이는 창가에 놓고 갈 때도 있습니다. 그 자리에서 한결같이 자신을 기다릴 까만 눈동자를 떠올리며 아이는 될 듯 말 듯한 구구단을 외고, 잡힐 듯 말 듯한 친구

향해 손을 내밀겠지요.

　줄 듯 말 듯, 줬다 뺏었다 하는 심보는 나라고 다르지 않습니다. 어제까지 감격하던 일에 오늘은 그만 심드렁해지는 걸 보면 말입니다. 예전엔 번번이 감사해하던 일에 대해 이제는 없으면 원망하는 지경에 이를 때도 있습니다. 오랜 포만감 때문에 무뎌진 갈망의 허기를 종종 떠올려야 할 텐데요.

　오늘도 손에 쉬 잡히지 않는 당신을 갈구할 수 있어 설렙니다. 김칫국부터 마시며 혀뿌리 얼얼하게 희망을 채근하니 나는 마치 소풍 전날 비 그치기를 기다리는 아이처럼 천진난만해집니다. 아슬아슬 그대에게 닿기 위해 커피 향 따윈 느껴지지 않는 가시 따끔한 꽃길을 걸으렵니다. 당신이 멀면 멀수록 나는 더 힘차게 바랄 테지요. 올 듯 말 듯한 평화처럼, 될 듯 말 듯한 골프처럼.

　그러다 마침내 기적처럼 그것이 내 품에 왔을 때, 그간의 애간장까지 선물의 서사에 포함돼 있노라 나는 단언할 수 있습니다. 크리스마스의 클라이맥스는 역시나 선물 상자가 아직 열리지 않은 이브 날인 것처럼 말이지요.

◇ 질경이
◇ 한바탕 소나기 쏟아지려나!

홍미영

2005년 《수필과비평》 수필 등단
2021년 《문학도시》 시 등단
수필집 『경계선 허물기』
시집 『나무집 동화』
violet1809@hanmail.net

질경이

남의 자리 밑을 살금살금 새치기하는
저 질경이의 땅따먹기 놀이
그 속에 내가 있다
한여름 긴긴 무더위를 모질게 붙잡는
귀 막고 막무가내 새치기하는
제자리를 지키지 못하는
질경이의 모습이 질기다
먼 곳을 못 보던 시절
남의 자리에 자꾸만 눈이 가던
맨발로 달리던 시절을 지나
이제 겨우 철이 들었나 보다
몇 번의 나를 잃어버리고서야
점점 땅을 넓히는
질경이의 뿌리를 다독여 준다

한바탕 소나기 쏟아지려나!

긴 빗자루 송곳처럼 촘촘히 세워
달아나는 여름을 붙잡고 매일 청소시킨다
왈칵왈칵 동이째 쏟아 붓고
바닥을 씻어내고 오물덩이들 파내어 보지만
씻겨나가지 않으려고 물살 잘도 피하며
바닥에 납작하게 몸을 도사린 오물
질긴 생명을 붙이고 있다
몸통 작아진 오물 덩이들
여기저기 사방으로 질퍽하게 찍힌 오물 자국
냄새는 더 혼돈된 세상이 되었다
사람들은 저만큼 돌아서 슬금슬금 피하고
소리소리 핏대 세우는 삿대질의 난무
한바탕 뇌성이 운다
아직 하늘은 더 쓸어낼 기운이 남았나 보다

◇ 책 좀 읽어 보이네요

황선유

2011년 《수필과비평》 등단
수필집 『수비토의 언어』, 『메별』,
『은은한 것들의 습작』, 『전잎을 다듬다』
수필선집 『우리의 매력 중 하나는 나이』
meetapril@hanmail.net

책 좀 읽어 보이네요

나는 대한민국 부산광역시 한복판의 아파트에 산다. 한복판이라 말하는 근거는 아파트 바로 옆에 있는 K 공업고등학교 뒤 담벼락에 바짝 '부산 정중앙'이라 새긴 표지석이 있어서이다. 의미 있고 중요하달 수 있는 표지석이건만 그에 비해 사람들의 눈에는 잘 띄지 않을 외진 곳에 있다. 지척에 사는 나조차도 집에 있는 복사기가 고장 나는 바람에 복사집을 찾아 고시학원이 즐비한 이 골목으로 들었다가 우연히 발견했을 정도이니.

부산 사람 대부분은 이곳을 주거지로는 별로라고 생각한다. 오랜만에 만난 지인도 내 사는 곳을 듣고는 첫마디에 "서면에 살 만한 아파트가 있어요?"라고 물었다. 그런 고정 관념과는 달리 이름조차 깔쌈한 더샵센트럴스타는 당시로는 최고 분양가의 고급 아파트였다. 이즈음 들리는 말들에 따르면 초창기 입주한 부자들은 바다가 보이는 곳의 더 깔쌈하고 더 값나가는 아파트로 떠나고, 이런저런 이유로 꼭 살 만한 사람만 여기에 남아 산다고 한다. 그들의 남아서 꼭 살아야 하는 이유가 어떠한지 알 바는 아니나 나는 더 좋은 곳으로 이사 갈 돈이 없어서 그냥 산다.

자주, 내 사는 곳이 버거울 때가 있다. 때깔 좋은 고급 승용차들 사이 빈자리를 찾아 조심조심 내 차를 주차할 때, 어느 누가 명품 두른 온몸에 빳빳이 힘을 세우고 자랑스레 부동산 동향과 시세 말하는 걸 들어주어야 할 때, 등이 훅 파인 옷을 입고 색색이 물든 발가락을 드러내고 도도하게 팔짱을 낀 채 어린이집 버스를 기다리는 젊고 키 큰 엄마들 사이를 지나가야 하는 그런 때이다. 그렇다고 좋은 때가 영 없는 것은 아니다. 드물지만 방금처럼 멋진 남자를 만날 때도 그렇다. 엘리베이터 공간에 잠시 함께 머물렀던 남자, 대략으로 짚어본 그 나이대로는 쉽지 않을 스마트한 몸매, 단정한 슈트의 열린 앞자락 새로 내보이는 고급진 셔츠며 클래식 구두의 각진 뒷굽…. 어머나! 남자가 내리고 한참 남아있는 은은한 향수 또한 살짝 설렌다.

한 아파트에서 무려 12년을 살아도 오다가다 눈인사나 목인사를 거쳐 말이라도 주고받을 만한 사람은 한 손으로 다 꼽는다. 이름이라도 아는 딱 한 사람은 피아노 선생님뿐. 이토록 냅뜰성 없이 세월을 보내던 한날이다. 아파트에 딸린 공동 목욕탕에서 홀랑 벗은 채 인연의 한 사람이 말을 걸어왔다. "책 좀 읽어 보이네요." 그렇게 '더샵독서모임'의 구성원이 되었다. 그런데 잠깐, 뉘라서 한 번쯤 옷 다 차려입은 나에게 그리 물어온 적이나 있었는지.

내가 사는 아파트 각 동 스카이라운지마다 작은 도서관과 소모임 공간이 있는 줄을 그날 처음 알았다. 모임의 리더는 중등 교사 출신으로 재직 시 학생들의 독서 모임을 이끌어 표창까지 받았다고 한다. 자그마한 사람이 한눈에도 야무져 보였다. 머뭇머뭇 시작한 독서 모임은 달이 더해갈수록 탄탄하여 읽은 도서의 권수를 늘려갔다. 우리가 읽은 책에 특별한 갈래는 없다. 구성원들의 취향대로 추천하여 읽었고, 각자가 지닌 선험적 사유와 연륜과 경험으로 풀어 나누었다. 나도 내 깜냥으로 조심하며 푼다. 한때 한 이름 날렸다는 그들은 도무지 그 한때를 숨길 수 없어 보인다. 은근슬쩍 기회를 엿보다가 틈새를 포착 호기롭게 틔어보곤 하지만 그뿐 매시간 어질고 순정하고 성실했다.

박완서의 『너무도 쓸쓸한 당신』을 읽던 날에 K의 말발은 펄펄 날았다. 생전의 작가와 막역했다며 우리가 모르는 작가의 숨은 이야기까지 들려주기도. 그러나 '부유스러운 미명' 표현을 두고는 왜 작가들은 이렇게 어려운 말을 쓰느냐고 사뭇 신랄하다. 마침 작가의 딸이며 역시 작가인 호원숙의 책을 들고 갔던 터라 글 속의 또 다른 표현인 '어스름 저녁때'를 보여주며 짐짓 달랜 듯했으나 속으로는 못지않게 센 말발을 드날렸다. '베두인들에게 낙타를 지칭하는 낱말이 천 개를 넘는다고 합니다. 이누이트인들에게 눈의 종류를 구별하는 어휘가 수십 가지가 된다는군요. 글쟁이에게 어휘는 말 그대로 재산입니다. 누구나 아는 똑같은 어휘로 책 한 권을 메울 수는 없어요. 그건 게으른 작가입니다. 작가는 끊임없이 내 문장에 적절한 어휘를 찾는 사람이죠. 우리는 그런 부지런한 작가가 쓴 책을 읽음으로써 애쓰지 않고 숨은 어휘를 알게 되는 게 아닐까요?'

호스피스 의사로 알려진 김여환의 『죽기 전에 더 늦기 전에』 책

앞에서 Sarah Ko는 숙연했다. 모인 사람 중 가장 화려한 색의 옷을 입고 누구보다 먼저 눈에 띄는 머리 장식의 그녀가 그날만은 여든 나이 보편의 감성을 내보이고 만다. 나에게서 퀴블러 로스의 『인생 수업』을 빌려 읽은 그녀는 지금 한국의 더위를 피해 미국에 가 있다. 요샛말로 톡파원이 되었다. 배우 윤여정이 들렀다는 식당 '미아리'에서 17불을 주고 바지락 칼국수를 먹었단다. 어제는 6불의 수박을 보내주고 싶다며 한국의 비싼 수박 값을 걱정했다.

책의 선택은 점점 다양해진다. 『채권』에 대한 L의 강의는 전문가 뺨칠 수준이었다. 몇 달 전 다른 아파트에 이사하고도 모임에 참석한다니 나는 감동하여 낱낱이 경청했다. 무려 대학노트 석 장을 필기했다. 그러나 미안해서 어쩌나. 읽어도 들어도 남는 것이라곤 채권이 Fixed Income이라는 그것만이니.

더샵독서모임이 좋다. 그들의 진지함, 더러 천진함, 때때로 우쭐함까지 다 그러하다. 그 좋은 것들을 비좁은 내 글로는 다 담아 쓸 수 없어 아쉽다. 그러니 모임의 이날만큼은 내 사는 곳이 전혀 버겁지 않다. 혹 누군가 이 글을 읽는다면 이번에는 이렇게 말 걸어오지 않을까. '글 좀 써 보이네요.'

드레문학회 **연혁**

> '드레'라 함은 인격적으로 점잖은 무게를 뜻하며
> 드레문학회는 고 유병근의 문하생 및
> 문학창작을 위해 모인 사람들의 공동체이다.

2010년

- 1월 신서영 외 20명이 모여서 창립총회
  드레문학회라 명명
  초대회장 신서영, 부회장 김병국, 사무국장 최한이
  김복혜 수필집 「밑줄을 긋다」 발간
- 4월 봄 문학기행 (운주사, 송광사 등)
- 10월 가을 문학기행 (부석사, 소수서원 등)

2011년

- 1월 제2차 정기총회
  송부선 부산일보 신춘문예 동시 「휠체어를 밀며」 당선
- 4월 봄 문학기행 (운문사, 운강고택 등)
- 10월 가을 문학기행 (해인사, 소리길 등)

2012년

- 1월 김복혜 제2회 문학도시작가상 수상
- 2월 제3차 정기총회, 임원 연임
- 4월 봄 산행 (이기대 갈맷길)
- 5월 신창선 수필집 「어멍아 어멍아」 발간
- 11월 가을 문학기행 (청도읍성, 선암서원 등)
- 12월 김정읍 수필집 「움직이는 벽」 발간

2013년

2월	제4차 정기총회
	신입회원: 정선우, 송차식, 김덕조, 이영순, 현주
4월	봄 문학기행 (밀양 영남루, 혜산서원 등)
10월	신서영 제4회 대구일보 경북문화체험 전국수필대전 동상 수상
12월	신서영 부산수필문인협회 올해의 작품상 수상 「소리의 바람」

2014년

2월	제5차 정기총회
	회장 황선유, 사무국장 이승숙, 감사 신창선
	신입회원: 고유진, 유영자
4월	봄 문학기행 (의령 곽재우장군 유적지, 정암루 등)
8월	신창선 두 번째 수필집 「이어도 사나」 발간
10월	신서영 수필집 「전생에 나는 수라간 상궁이었을라」 발간
11월	가을 문학기행 (예천 금당실마을, 삼강주막 등)

2015년

2월	제6차 정기총회
4월	봄 문학기행 (오키나와 2박3일)
5월	「드레문학회」 비영리법인단체 등록
8월	신입회원: 강경숙, 김정미
9월	김병국 시집 「겨울 그 자리」 발간
10월	《드레문학회동인지 에스프리드레》 창간호 발간
	가을 문학기행 (논산 윤증 고택, 박범신 집필실 등)
12월	홍미영 수필집 「경계선 허물기」 발간
	방민실 수필집 「나무도마」 발간
	《드레문학회동인지 에스프리드레》 창간호 출판기념회

드레문학회 **연혁**

2016년

- **2월** 제7차 정기총회.
  회장 안영순, 사무국장 고유진, 감사 신창선, 김정읍
  신입회원: 신장식, 류옥진, 최아란
- **4월** 봄 문학기행 (하동 쌍계사, 평사리공원 등)
- **6월** 송차식 수필집 「달이 참나무가지에 걸리다」 발간
- **7월** 여름 문학기행 (타테야마 3박 4일)
- **8월** 신창선 세 번째 수필집 「오름아리아」 발간
- **10월** 《드레문학회동인지 에스프리드레》 제2호 발간
  신입회원: 김금예, 김연희
  가을 문학기행 (창녕 물계서원, 우포늪 등)
- **11월** 변순자 수필집 「우두커니 쳐다본다」 발간
  송부선 제3회 경북일보 문학대전 시 부문 은상 수상 「흔들리는 방」

2017년

- **2월** 제8차 정기총회.
- **4월** 봄 문학기행 (안동 하회마을, 봉정사 등)
  황선유 수필집 「전잎을 다듬다」 발간
- **6월** 홍미영 시집 「나무집 동화」 발간
  김병국 수필집 「용이 된 연어」 발간
- **7월** 유영자 수필집 「길표 운동화」 발간
- **8월** 이승숙 수필집 「이화, 달빛 사르다」 발간
  신창선 제17회 수필과비평문학상 수상
  김연희 〈문학도시〉 시 등단
- **9월** 《드레문학회동인지 에스프리드레》 제3호 발간
- **10월** 가을 문학기행 (경주 동리목월문학관, 서출지 등)
  라성자 수필집 「그냥 표류하다」 발간

	송부선 시집 『오후 두 시를 건너가는 비』 발간
	안영순 수필집 『강에게 고향을 묻다』 발간
	유병근 선생 제1회 부산원로문학상 수상
12월	송차식 시집 『차茶 향기 속으로』 발간
	안현숙 수필집 『맹그로브 숲을 향하여』 발간

2018년

1월	송숙 수필집 『서울 남자』 발간
	김덕조 수필집 『비꽃을 보다』 발간
2월	제9차 정기총회
	회장 변순자, 사무국장 황선유, 감사 신창선, 김정읍
	황선유 두 번째 수필집 『은은한 것들의 습작』 발간
3월	신입회원: 이두래
4월	봄 문학기행 (여수 오동도, 향일암 등)
8월	신창선 네 번째 수필집 『버킷리스트 여행』 발간
10월	드레문학동인지 에스프리드레 제4호 《손을 쓰다듬다》 발간
11월	가을 문학기행 (순천만)
12월	변순자 수필문협 제9회 문학상 우수상 수상
	정선우 시집 『모두의 모과들』 발간

2019년

2월	제10차 정기총회
3월	최아란 제5회 에세이문학 올해의 작품상 수상
4월	봄나들이 (조각공원, 평화공원, 부산박물관)
6월	송차식 두 번째 수필집 『그날부터』 발간
7월	김정읍 두 번째 수필집 『옆자리』 발간
	고유진 제16회 문학세계문학상 수필 부문 대상 『가시덩굴을 넘었더니』

드레문학회 **연혁**

	드레문학동인지 에스프리드레 제5호《참, 고마운 만남》 발간
	유병근 선생 미수 축하 및 에스프리드레 제5호 출판기념회
	류옥진 시집 「흩날리는 씨앗으로」 발간
10월	현주 수필집 「말을 삼키다」 발간
11월	가을 문학기행 (울산 십리대숲, 고복수 음악살롱 등)

2020년

2월	제11차 정기총회
	회장 이현미, 사무국장 최아란, 감사 신창선, 김정읍
5월	황선유 세 번째 수필집 「메별」 발간
7월	정말심 첫 번째 시집 「석류의 후숙」 발간
	송차식 동래문인협회 작품상 수상
8월	황선유 제15회 황의순 문학상 수상
9월	송차식 제27회 부산문학상 수필 부문 우수상 「그날부터」
	신창선 수필선집 「흘러간다」 발간
10월	드레문학동인지 에스프리드레 제6호《다시는 그런 날이 오지 않을 것 같아서》 발간
	이두래 제7회 경북일보 문학대전 수필 부문 동상 「막걸리, 길 위에 서다」
11월	김욱희 회원 별세

2021년

1월	신창선 The 수필 빛나는 수필가 60인 선정 「직선, 그리고 곡선」
4월	유병근 선생 별세
6월	송차식 세 번째 수필집 「구름아, 이 가을 너도 아는지」 발간
10월	드레문학동인지 에스프리드레 제7호《밤이 지나 새벽 오듯》 발간
	신창선 회원 별세

11월   김종희(빈빈 문화원 대표, 수필가, 시인, 미술사학자) 드레문힉빙 지도 시작
12월   송차식 2021년 부산문학인아카데미협회 문심문학상 본상 「구름아, 이 가을 너도 아는지」

2022년

1월   최아란 수필집 「언니의자」 발간
2월   제12차 정기총회
      회장 김복혜, 사무국장 송숙, 감사 김정읍, 에스프리드레 편집 황선유
4월   유병근 추모1주기 산청호국원 참배
      봄 문학기행 (산청 남사예담촌)
7월   고유진 수필집 「신은 할 일 없는 자에게 일을 맡긴다」 발간
8월   송차식 두 번째 시집 「얼떨결에」 발간
10월   최아란 제10회 매원수필문학상 수상 「언니의자」
      송차식 제1회 이삭문학회 작가상 수상
      드레문학동인지 에스프리드레 제8호 《빈빈 가는 길》 발간
11월   박호선 제14회 포항소재문학상 수필 부문 우수상 수상 「구룡포에는 날마다 해가 뜬다」
12월   최아란 2022년 에세이20선 선정 「작가 스무 명」
      황선유 제13회 부산수필가문학상 대상 수상 「메별」
      신서영 두 번째 수필집 「아직은 꽃」 발간

2023년

1월   김종희 제9회 민들레수필문학상 수상
2월   제13차 정기총회
      회칙 변경
      신입회원: 박호선

드레문학회 연혁

4월	봄 문학기행 (포항 구룡포항, 일본인 한옥 거리, 오어사)
5월	김정읍 세 번째 수필집 「나를 알고 계시온지!」 발간
9월	유병근 선생 유고 수필집 「횡포가 나를 키운다」 발간
10월	유병근 선생 유고 수필집 출간기념회
	드레문학동인지 에스프리드레 제9호 《삶도 때로는 날개를 단다》 발간
12월	신서영 제14회 부산수필가문학상 본상 수상 「아직은 꽃」
	이승숙 두 번째 수필집 「매화 홀로 난분분」 발간
	김덕조 두 번째 수필집 「그 겨울은 따뜻했다」 발간
	박호선 두 번째 수필집 「의자, 길을 묻다」 발간

2024년

1월	제14차 정기총회
	회장 류옥진, 사무국장 최아란, 감사 김정읍, 에스프리드레 편집 최아란
	신입회원: 이석동
4월	봄 문학기행 (고성 상족암군립공원, 송학동 고분군, 장산숲)
5월	황선유 네 번째 수필집 「수비토의 언어」 발간
6월	송차식 네 번째 수필집 「수측다욕」 발간
7월	최아란 두 번째 수필집 「소란하게」 발간
	이현미 첫 번째 수필집 「아날로그의 추억, 그 후」 발간
8월	김병국 두 번째 수필집
	「보리밥 한 그릇과 막걸리 한 잔과 햇살 한 조각」 발간
11월	가을 문학기행 (함안 무진정, 입곡문화공원, 고려동 유적지)
	드레문학동인지 에스프리드레 제10호 《물은 흐른다》 발간
12월	이승숙 제15회 부산수필가문학상 본상 수상 「매화 홀로 난분분」
	박호선 아르코문학나눔도서 선정 「의자, 길을 묻다」
	김종희 한국출판문화산업진흥원 출판작 선정
	「슈만의 문장으로 오는 달밤」

2025년

- **2월** 제15차 정기총회
  신입회원: 변종옥 이금자 전박자
  송차식 부울신문 신춘문예 시 부문 당선
- **4월** 봄 문학기행 (진주성, 진양호 공원 등)
- **7월** 황선유 현대수필가100인선 수필선집 「우리의 매력 중 하나는 나이」 발간
- **9월** 최아란 아르코문학나눔도서 선정 「소란하게」
- **11월** 가을 문학기행 (경주, 천년숲 등)
  드레문학동인지 에스프리드레 제11호 《소금꽃》 발간

드레문학 서가

고유진	신은 할 일 없는 자에게 일을 맡긴다 (2022)
김덕조	비꽃을 보다 (2018) 그 겨울은 따뜻했다 (2023)
김병국	겨울 그 자리 (시집, 2015) 용이 된 연어 (2017) 보리밥 한 그릇과 막걸리 한 잔과 햇살 한 조각 (2024)
김복혜	밑줄을 긋다 (2009)
김정읍	움직이는 벽 (2012) 옆자리 (2019) 나를 알고 계시온지! (2023)
라성자	그냥 표류하다 (2017)
류옥진	흩날리는 씨앗으로 (시집, 2019)
박호선	나에게로 온 꽃 (2020) 의자, 길을 묻다 (2023)
방민실	나무도마 (2015)
변순자	우두커니 쳐다본다 (2016)
변종옥	그리움은 강물처럼 (2007) 그 둠벙가엔 아직도 잠자리가 날고 있을까 (소설집, 2019) 어머니는 바람이 되었다 (소설집, 2020) 아마, 이건 꿈일 거야 (소설집, 2022) 비탈길 (소설집, 2025)

드레문학 서가

송 숙	서울 남자 (2018)
송차식	달이 참나무 가지에 걸리다 (2016) 차茶 향기 속으로 (시집, 2017) 그날부터 (2019) 구름아, 이 가을 너도 아는지 (2021) 얼떨결에 (시집, 2022) 수측다욕壽則多辱 (2024)
신서영	전생에 나는 수라간 상궁이었을라 (2014) 아직은 꽃 (2022)
안영순	강에게 고향을 묻다 (2017)
안현숙	맹그로브 숲을 향하여 (2017)
이승숙	이화, 달빛 사르다 (2017) 매화 홀로 난분분 (2023)
이현미	아날로그의 추억, 그 후 (2024)
정말심	석류의 후숙 (시집, 2020)
최아란	언니의자 (2022) 소란하게 (2024)
현 주	말을 삼키다 (2019)
홍미영	경계선 허물기 (2015) 나무집 동화 (시집, 2017)

드레문학 서가

황선유	전잎을 다듬다 (2017) 은은한 것들의 습작 (2018) 몌별 (2020) 수비토의 언어 (2024) 우리의 매력 중 하나는 나이 (수필선집, 2025)
김종희	나는 날마다 신화를 꿈꾼다 (2008) 기억, 장소, 그리고 매축지 (2013) 사람, 나를 이야기하다 (2015) 돌탑에 이끼가 살아있다 (2019) 사랑도 기적처럼 올까 (그림시집, 2021) 슈만의 문장으로 오는 달밤 (2024)

드레문학회 동인들

(2025, 가나다순)

강경숙 고유진 김금예 김덕조 김병국
김복혜 김아영 김연희 김정읍 김지숙
라성자 류옥진 박호선 방민실 변순자
변종옥 송 숙 송차식 신서영 신장식
안영순 안현숙 유덕자 이금자 이두래
이석동 이승숙 이자영 이현미 임소조
전박자 천동출 최아란 현 주 홍미영
황선유

드레문학동인지, 에스프리드레 제11호
소금꽃

초판인쇄 | 2025년 11월 5일
초판발행 | 2025년 11월 7일

지 은 이 | 류옥진 외
펴 낸 이 | 이병우
펴 낸 곳 | 육일문화사
　　　　　　부산광역시 중구 복병산길6번길 11
　　　　　　051.441.5164　book61@hanmail.net
출판등록 | 제1989-000002호

ISBN 978-89-91268-87-4　03810

값 14,000원

* 본 도서의 내용을 저자와 출판사에 알리지 않고 무단 사용할 경우
　저작권법에 위배됨을 알립니다.